符合宇宙规律的交易方法　恒久有效

交易之道

傅海棠观点集

傅海棠◎论述　沈良◎主编

THE WAY OF TRADE

Fu Haitang's Viewpoint Set

中国经济出版社
CHINA ECONOMIC PUBLISHING HOUSE
北京

图书在版编目（CIP）数据

交易之道：傅海棠观点集 // 傅海棠论述；沈良主编 . -- 北京：中国经济出版社，2020.8 （2024. 7 重印）

ISBN 978-7-5136-6242-0

Ⅰ. ①交… Ⅱ. ①傅… ②沈… Ⅲ. ①经济学 - 通俗读物 Ⅳ. ① F0-49

中国版本图书馆 CIP 数据核字（2020）第 124767 号

责任编辑　叶亲忠
责任印制　马小宾
封面设计　久品轩

出版发行　中国经济出版社
印 刷 者　北京富泰印刷有限责任公司
经 销 者　各地新华书店
开　　本　787mm × 1092mm　1/16
印　　张　15.75
彩插印张　0.5
字　　数　240 千字
版　　次　2020 年 8 月第 1 版
印　　次　2024 年 7 月第 10 次
定　　价　52.00 元
广告经营许可证　京西工商广字第 8179 号

中国经济出版社　网址 www. economyph. com　社址 北京市东城区安定门外大街 58 号　邮编 100011
本版图书如存在印装质量问题，请与本社销售中心联系调换（联系电话：010-57512564）

傅海棠考察大豆

傅海棠考察玉米

傅海棠在泰国调研橡胶产业

傅海棠参加东方经济学研讨会

傅海棠在复旦求是学院演讲交流

傅海棠在吉林大学商学院演讲交流

前 言 PREFACE

我是一个比较喜欢思考的人，是一个喜欢研究本质和触达真理的人。有人说我执着，也有人说我认死理，其实，我只是坚持真理，免入歪门邪道而已。

我时刻在体悟交易之道，体悟经济之道，体悟人生之道。我始终认为真的假不了，假的真不了。任何领域，真理只有一个，必须认识这个真理，才能不被无数的歪理诱惑和误导。

在我演讲的时候，或是和朋友们交流的时候，有人说我总是语出惊人、与众不同，也有人说我金句连连、直达本质。

承蒙一些投资者朋友看得起，他们把我的一些观点记录下来，称作“傅海棠投资语录”，并在投资圈内小范围分享和讨论。后来越来越多朋友反映，他们自己记录整理的观点比较零碎，不够全面，不够系统，希望我能把讲过的观点全部整理一下，集合成册，最好能出版成书，以方便大家分享交流。

恰好，我的好友沈良先生是个有心人。这几年来，他把我的较多观点记录了下来，并且做了相对全面的整理和归类。于是，我就委托他把我的观点整理成集出版。

就我自己二十年的投资实践来看，投资是艰难的，期货市场大部分人是亏损的，我希望我的一些观点和理念能帮助投资者少走一些弯路；同时，投资也是简单的，其实正确的道路并不难找，那就是基本面分析，研究供求关系和价值规律，找到行情的确定性。我希望更多投资者能因为我的分享而走上正确的道路。

以我五十多年的人生阅历来看，经济是多样性的，涉及国家管理、企业经营、个人致富的方方面面，似乎需要学习很多知识才能摸到经济的门道；实际上，经济也是简单的，只要知道市场是政府管理的，财富是劳动创造的，货币能够促进生产和消费，经济危机可以避免，经济繁荣可以持续，那么也就能基本理解各种经济现象，处理各类经济问题。

本书中我的一条一条观点是独立的，也是有联系的，是可以单独解读的，也是可以放在一个体系里互相参照的，希望读者朋友们不只是看那一句句话单独的字面意思，还能结合一个板块以及整本书的主要逻辑去理解。希望本书能给做投资者的朋友带来一些帮助。书中若有不完善的地方也请大家多多包涵。

本书得以出版，要感谢沈良先生的精心整理，要感谢孙成刚先生和马明超先生提出的建议和完善意见。

傅海棠

2020 年 4 月　上海

欢迎大家关注“傅海棠频道”

目 录

CONTENTS

第一部分 投资理念和交易方法

（一）投资理念要正确 …… 003
（二）做期货亏损的原因 …… 008
（三）做期货很难 …… 009
（四）对技术分析的看法 …… 010
（五）做期货就是做商品贸易 …… 013
（六）分析预测 …… 014
（七）确定性 …… 018
（八）供求决定价格 …… 020
（九）趋势 …… 022
（十）价格高低 …… 024
（十一）做多做空的不同 …… 026
（十二）一致性预期 …… 027
（十三）中长线、看得远 …… 029
（十四）短期波动 …… 029
（十五）库存 …… 030

（十六）农产品和工业品 …… 031
（十七）要懂宏观政策 …… 032
（十八）调研 …… 033
（十九）事实很重要 …… 033
（二十）价值规律 …… 035
（二十一）价值投资 …… 037
（二十二）物极必反 …… 039
（二十三）选品种 …… 040
（二十四）升贴水 …… 044
（二十五）抓主要矛盾 …… 044
（二十六）突发事件 …… 045
（二十七）进场、出场 …… 046
（二十八）仓位 …… 050
（二十九）交易频率 …… 052
（三十）耐心 …… 052
（三十一）心态、无我 …… 056
（三十二）人性的交易层面 …… 057
（三十三）风险控制 …… 058
（三十四）对手博弈 …… 060
（三十五）股市 …… 063
（三十六）期权 …… 065

第二部分 经济和经济学

（一）什么是经济、什么是经济学、什么是市场 …… 070
（二）研究经济和经济学的目的 …… 072

（三）西方经济学的谬误和漏洞 …… 073
（四）西方经济学一些错误的概念 …… 079
（五）东方经济学和西方经济学的不同 …… 082
（六）政府管理 …… 083
（七）管理和竞争的协调 …… 093
（八）个体角度和整体意识 …… 096
（九）实事求是、解决问题 …… 100
（十）表象和本质 …… 102
（十一）人性的经济层面 …… 103
（十二）劳动创造财富 …… 106
（十三）物质财富和精神财富 …… 110
（十四）生产和消费 …… 112
（十五）收储和放储 …… 117
（十六）有产能才能创造财富 …… 118
（十七）财富越多越好，没有泡沫 …… 119
（十八）宁可多，不能少 …… 121
（十九）发展无止境 …… 122
（二十）中国土地上的财富是全民的 …… 123
（二十一）货币功能 …… 124
（二十二）货币自主 …… 133
（二十三）利息 …… 135
（二十四）信用货币 …… 136
（二十五）货币需求量 …… 137
（二十六）货币的储藏和储蓄 …… 140
（二十七）M2 和 GDP …… 142
（二十八）边际效应 …… 144
（二十九）货币的购买力 …… 145

（三十）价格和价值……147
（三十一）数量比价格重要……149
（三十二）国际国内贸易、汇率……152
（三十三）实体经济是根本……154
（三十四）房地产的作用和问题……155
（三十五）通胀和通缩……163
（三十六）经济危机和经济不景气的原因……168
（三十七）走出经济危机，保持经济繁荣……171
（三十八）政府投资……173
（三十九）政府举债、债务问题……176
（四十）企业盈亏……180
（四十一）全产业链的好处……182
（四十二）造成贫困的原因和走出贫困……183
（四十三）富人和企业家的作用……185
（四十四）贫富产生的原因，适当的贫富差距有利于社会发展……186
（四十五）分工……186
（四十六）技术进步和创新……187
（四十七）互联网和移动互联网……190
（四十八）公平和分配……192
（四十九）税收调节……194
（五十）适度福利，不养懒人……195
（五十一）幸福……198
（五十二）贸易战……199
（五十三）中国经济和中国制度……206
（五十四）美国经济和美国制度……213
（五十五）全球经济和全球博弈……216

第三部分 人生和宇宙

（一）天道……221
（二）宇宙、规律……222
（三）地球……224
（四）人类、人生……225
（五）人的力量……228
（六）逻辑……229
（七）对错……230
（八）善恶……231
（九）爱情……232
（十）为人处世……232
（十一）付出和回报……234
（十二）个人发展……235
（十三）学习和能力……236
（十四）孩子教育……237
（十五）人性的社会面……237
（十六）其他……239

后 语……241

第一部分

投资理念和交易方法

（一）投资理念要正确

1. 按照符合宇宙本质规律的方法去实践、去改进，时间够了就能成。随着时间的推移，效果会越来越好。

2. 什么是正确的方法？就是研究供求关系，把握价值规律，由此预判和捕捉趋势行情。再过多少年，也就是这个方法是真正有效的。这就像宇宙的程序，任何人改变不了。

3. 研究供求的路是通的，而其他的很多路是不通的，那些路怎么走都走不通。论其有余不足知贵贱，贱下极则反贵，贵上极则反贱。实事求是，客观公正。围绕供求关系和价值规律这两个核心去分析和判断。

4. 方法必须能应对任何变化的行情，任何时候都不失效，才能行。程序化是不行的，只能是研究供求关系和价值规律。

5. 正确的理念和方法就是期货成功的捷径，可以缩短痛苦的时间。

6. 能做就做，不能做就退出。要做，唯一的方法就是用正确的方法研究供求。

7. 基本面分析是一个系统，经济、政治、天气、人性等都要懂，并且要能融会贯通。

8. 做投资，跟踪产业固然重要，首先还是要理念清晰正确。

9. 期货的品种很多，如果用正确的理念、正确的方法，资金容量是很大的。

10. 做期货平时练手，找感觉，小赚小亏都可以，主要精力还是要放在捕捉大行情上。

11. 一次的赚亏不重要，不能以一次两次的盈亏为评估标准，原则性的东西要永远坚持。

12. 哪次赚钱没回撤？都是在回撤中不断进步的。

13. 多说理念，少说行情，理念通了，行情自然抓得住。

14. 期货上最不缺的就是机会，缺的是正确的理念和方法。

15. 期货，做的是信心和信仰，有了信心和信仰并且能够坚持，至少对了 50%，如果投资理念正确、分析逻辑正确，就更容易实现盈利。

16. 理论正确，方法才能正确。真正对的方法，做任何品种都适合。

17. 正确的理念，正确的逻辑，正确的方法，一直坚持做，做到最后，你会发现赚钱不难，能优哉游哉地赚钱。

18. 做木匠，方法对了，反复做，最后能炉火纯青，做期货也是一样。

19. 一旦找到了正确的赚钱方法并坚持做，时机对了，赚钱比炸爆米花还快。

20. 方法是错误的，钱要亏出去，怎么守都守不住；方法是正确的，钱要赚进来，怎么拦都拦不住。

21. 不是说一定要坚持自己的，而是要坚持正确的，正确的对谁都合适。

22. 自己想的和现实情况对上号了，才能相信这是事实。

23. 一定要分清什么是真理，长期坚持。修炼时间长了，坚持不懈，功到自然成。

24. 只要研究方法对路，理念正确，思路对头，坚持理性，摒弃感性和惯性，成功只是时间问题。

25. 正确的事情重复做，才会进步。

26. 深信、确信、坚信的东西必须是真理，如果信的东西是错的，越坚定损失越大。

27. 坚持真理，相信自己，难就难在最困难的时候。一定要相信，真的就是真的，假的就是假的。不可信的，一定不要信。

28. 在最困难的时候，毛主席写《沁园春·雪》，意志坚定，认为共产党一定会成功，这是因为他 100% 确定自己的理念和方法是对的。坚持对的，才会有好的结果。

29. 反对“正确”的人，一定会走到错误的道路上。有些人站在错误的观念上，总能找到理由说明自己是对的，不相信事实，而相信自己想象的。

30. 大部分人认为，所有的投资方法都有缺陷，从而给自己一个借口不去追求完美。

31. 为什么有些人交易没有信仰，是因为没有搞清楚正确的逻辑。

32. 没有坚信的原因，是没有看透，是逻辑有问题。

33. “交易靠信仰”，这句话半对半错。如果信仰的理念和方法是错的，怎么能成功呢？必须信仰真理，才能成功。

34. 要接受新思想，白纸一张更好办，有老思路的则很难改变。只有认识到原方法有很严重的漏洞，才会主动去改变。

35. 错误的理念也有赚钱的时间段，正确的理念也有亏钱的时间段，不要被暂时的盈亏干扰投资的理念。

36. 用一个错误的方法，赚到一些钱后，要否定自己的这个方法，是很难的。

37. 一个不完善的分析体系，有时也能得出阶段性正确的结论，如果以此赚到钱了，长远来讲，反而会埋下隐患。

38. 一种方法连续赚钱后，会以为这是无风险的，以为是万全之策，胆子大了，放大杠杆，后面可能就麻烦了。

39. 完全错误的人，有时也会得利，看对的人，有时也会遭受波折，市场就是这样。

40. 短期来看，对了不一定赚钱，长期来看，对了一定赚钱；短期来看，错了不一定亏钱，长期来看，错了一定亏钱。

41. 用错误的方法赚钱了，强化了信心，副作用很大；用正确的方法赚钱了，强化了信心，没有副作用。

42. 错误的体系和方法，无论实践多少次、多长时间，都走不出来。

43. 错误的做法，研究十年，也不会有好的效果。正确的做法，越研究，效果越好。

44. 正确的方法重复做，会不断升华。错误的方法重复做，不会提高一分一毫。

45. 假的不能有一点点相信，真的不能有一点点怀疑。对真的不能含糊，要敢下手。

46. 谁都想坚持，但错误的方法坚持越久，危害越大。

47. “老鼠给猫攒”，错误的方法可能多次盈利，但一次就没命。

48. 在投资方法方面，“适合自己的就是对的”，这句话是个借口。对的适合任何人，错的谁都不适合。

49. “追求复利，不追求快”，这是误区，凭空臆想。每年 20%，是在纸上画出来的，现实中在期货上不可能出现。100 万实现 20% 和 1 亿实现 20%，难度完全不同。

50. 每年稳定复利，在期货市场不存在。这不符合自然规律。自然规律是在上下起伏中保持动态平衡。巴菲特做股票都无法年年稳定，更不用说做期货的人了。

51. 有人说“我知道，只是做不到”，那还是不知道，没有知透。要真知道、知真道，一定能做到。

52. 对趋势没有准确把握，只靠交易手法、资金管理来赚钱，这是不长久的。

53. 抓阄的方法盈利概率是50%，而用了很多分析手法，反而盈利概率下降了，这说明那些方法还不如抓阄。

54. 有些人没有实践或者实践不够，所以只讲理论，但他讲的理论往往也是错误的。

55. 对经济学理解不透，对宏观把握不准，做投资迟早要亏。按西方传统经济学做投资，在关键时刻，往往会犯大错。

56. 看不清经济未来的走势，怎么投资？要做好投资，必须懂经济。做期货，不懂正确的经济学，很难做好。

57. 用西方主流经济学指导做投资，结果不会好。

58. 做投资，就是要为实现小目标而努力。

59. 不管钱多钱少，都要追求正确的投资方法。不是说钱少，就可以去主动试错。

60. 最终的盈利结果，比过程的盈亏曲线更重要，当然，能让曲线回撤小一点，则更好。

61. 花钱可以凭感觉，赚钱一定要理性。

62. 不能因为爱财而头脑发昏，要理智，在此基础上想办法赚钱。

63. 期货比现货风险大？比股票风险大？不见得。关键是方法对不对。

64. 做投资不像学武术，很难汲取众家之长，因为靠运气赚钱的人太多，他们的方法本来就有重大漏洞、不可持续。

65. 把自己孤立起来也是不行的，外部的信息还是有用的，对抓机会和控风险都有利。噪音也可能是福音，关键是自己要有辨别真假、轻重的能力。

66. 招聘操盘手，把钱分给他们做，这样的模式可能不靠谱。因为要培养优秀操盘手很难，即使培养出来了，多半也留不住。

67. 做期货，不用打探别人看多看空，不要到处问，总有人看多、有人看空，意见多了，自己就乱了，关键是按正确的方法去做。

68. 有些人老喜欢去问别人的观点，这说明他们没方向、没底气，其实靠别人是靠不住的，最终还是要靠自己。

69. 有些人做期货，是让一些所谓的研究专家整晕了，他们弄了一大堆数据，长篇大论地分析，看上去很专业，实际上是瞎扯。

70. 别人怎么赚的，不要眼红，要坚持做好自己的正确的方法。

71. 有人劝我少讲一点，因为讲多了，大家都懂了，就不好赚钱了。但我还是愿意讲，既然讲，就要讲真话，我的脾气改不了，一辈子不懂忽悠人。我把正确的理念和体系讲出来，可能听懂的人不会太多，即便大家都懂了，不犯错了，导致市场没机会赚大钱了，也不是坏事，能促进社会的进步才是天大的好事。

（二）做期货亏损的原因

1. 为什么大部分人做期货不能赚钱？主要有两个原因：一是手续费，二是投资方法不正确。

2. 整个期货市场参与者亏损比例的高低，在于手续费的高低。

3. 有些交易者底子薄，知识面窄，认知不到位，高度不够，只能看盘面，随大流，追涨杀跌，来回止损。

4. 很多投资者做了很多年期货也没有真正的进步，因为他没有找到赚钱和亏钱的真正原因。比如亏钱了就认为是运气不好，而不去找真正的原因，同样，赚钱是靠运气赚的，却认为自己方法对了。

5. 做期货，大部分人是瞎蒙，赚钱也只是偶然，只有极少的人有正确的逻辑。

6. 不能冲动、不能激进，因为冲动和激进容易导致亏损。

7. 做期货亏钱的人，大多是理念和方法不对，又不知道改变。

8. 亏钱的人为何很难改变亏钱的状态，因为要有能力、有方法看清前方的结果，才能真正改变。

9. 故步自封，走不出去，这是天底下所有动物的惯性。第一步很难走出去。

10. 绝大部分人投资结果不好的原因，是交易系统有漏洞。

11. 不要因为交易方法有漏洞，就找个理由安慰自己。只要有漏洞，迟早会表现出来，漏洞表现得越晚，损失反而越大。

12. 做投资，有些人自己不懂，去学习，听了很多位老师的理念和方法后，发现自己更加不懂了。大部分人没有辨别真伪的能力，看到啥就学啥。

13. 听消息做期货，而不去调查验证，单子拿不稳，很容易亏钱。

14. 做投资不懂经济学，在重大拐点来临时，往往要吃大亏。

15. 有些人大亏，亏在政府主导大势的时候，他们不相信政府能够力挽狂澜。他们倒霉就倒在对经济理解不透，对宏观理解不透，对政府的作用理解不透。

16. 不努力研究正确的供求分析方法和宏观方向，总是在错误的方法上重复，是走不出来的。

17. 哪怕是正确的方法，大部分人也会去怀疑，也不会去坚持。

（三）做期货很难

1. 做期货得是“全科医生”，对所做品种的方方面面都研究透。

2. 对某些理念不对路的人来说，做上期货，就是走向“死亡”。期货这个市场吸引人，但不养人。

3. 即使投资方法正确不代表就能赚一个亿，没有这么简单。还需要历练，也需要市场给机会。

4. 期货复杂之极，从某种程度上来说，可能比研究原子弹还难。

5. 从幼儿园到大学生难，而从期货亏钱到期货高手的难度，比前者要高很多很多。

6. 做期货必须脱几层皮。别人说期货有多难，自己往往不会相信。

7. 炒期货，没办法真正放松。

8. 期货市场没有内生的钱增加，不像股票市场，多少还有点分红，所以期货更难做。时间长了，真正赚钱的比例非常少。做期货，最好的方法是“不做期货”。但很多进入期货市场的人，退不出去了，上瘾了。

9. 期货坏得那么狠，好得也那么狠，好坏两面，阴阳平衡。

10. 我 2000 年进入期货市场，中间的过程并不像你们看到的那么光鲜。到了 2009 年，我才真正有了好的盈利，而且 2013—2015 年还经历过较大的坎坷。

11. 没有对经济学的正确认识，做期货我连一波行情都抓不到，搞不好可能亏得连骨头都不剩了。

12. 像画画一样，做期货的“道”是很难传给下一代的。术可以传，道要自己悟。听了就能学会的人，本来就有那个悟性。孩子能不能做期货取决于孩子的悟性，而不取决于父亲的想法。

13. 什么叫投资生涯的结束，要么是提前退出市场，要么是一直做到退休。

（四）对技术分析的看法

1. 做期货，千万别看技术图形。

2. 天天画技术图，不是正确的方法。做期货，做的是货，要去了解货，而不是了解图。

3. 做期货，要少指着图形讲。看着过去的图形，怎么看都能赚钱，真金白银地做未来的行情却是另一回事。

4. 研究图形是没有用的，没有用的东西，不能偏说它有用。

5. 我从来没有数过浪，它是一个不能确定的东西。

6. 我对技术分析一窍不通，其实通了也没多大用处。都不知道豆粕是大豆压榨出来的，怎么做豆粕期货呢？只是看着那根线能做吗？不靠谱。

7. 技术图形是二手的，有一手的基本面信息为啥不去研究，研究个二手的干吗？

8. 技术派说，技术图形包含了一切信息。关键是，图形走完了才把信息包含进去。为什么不在图形没有走出来之前，就把基本面信息研究透，就先做进去呢？把基本面分析透了，做交易风险更小，收益更大。

9. 技术分析是看结果找原因，基本面分析是看原因找结果。一种原因注定一个结果，而一种结果可能有 N 种原因。

10. 即便技术分析抓住了大行情，抓住的也是基本面矛盾大的品种，只是交易者不知道供求矛盾而已。

11. 不好好学习正确的理念和方法，时间就白费了，今天看盘，明天画线，五年后，还是一样，没有实质性进步。

12. 市场是有限的，不是无限的，如果是无限的，技术分析就是有效的，因为有限，所以技术分析的作用不大。

13. 不要空想，要务实。你看到的价格，真的要去做，不一定能成交。现实的行情和过去的图形是不同的。

14. 技术分析喜欢统计，但统计的是过去，不代表未来。统计的是大概率，但不知道下一次是不是小概率事件。

15. 概率是站不住脚的，时间一长，总会死在那一次小概率事件上，这就是统计套利很难持续成功的原因。

16. 技术分析的胜率连抓阄的概率都不到，信奉技术分析还不如抓阄做交易。

17. 今天和昨天不一样，今年和去年更不一样，时间越长变化越大，统计的盈亏结果是靠不住的。

18. 图形上的历史高位是历史上的，不是未来的。未来原油涨到 300 美元一桶都有可能。

19. 预测天气，看之前一百年的数据用处不大，看现在的风速、温度、湿度等更有用，这就是技术分析和基本面分析的不同。

20. 技术分析不能准确量化，研究基本面才能准确量化。技术上所谓的量化指标都是自欺欺人，是伪量化，只是概率，不够精准，精准才是量化。基本面才能精准，才能量化。供求动力足够大，让商品明天涨，就不会等到后天涨。

21. 机器人最大的问题是不懂变通。画画、炒菜等工作，短期内机器人是做不好的。做交易也是如此，机器是死的程序，人才是活的。

22. 向上突破了买进，你买进，谁卖给你？向下突破了平仓，你平仓，谁和你平？技术图形上的点位，在现实中不一定能成交。

23. 做技术分析的人，喜欢突破追单。对此我不认同。看多，应该逢低买，除非确定短期就会大涨，才能少量追。

24. 做期货不能追涨杀跌，但技术分析就是教你追涨杀跌。

25. 突破买入是雕虫小技，把现货研究透才是正道。

26. 行情比较大，技术上看不懂了，就叫“超买超卖”？哪有什么超买超卖！事实就是这样。

27. 西方传统经济学从理论到理论，凡是对不上号的，就不说。就像技术分析，只说对得上号的图形，对不上号的避而不谈。

28. 技术面和基本面结合，这不行。不对的东西和对的东西结合不起来。比如技术向下破位了，基本面反而可以买了，听谁的?

29. 2010 年以前，大部分人做期货不知道基本面为何物，都研究技术。说供求关系的，会被人耻笑。有做基本面赚钱的，也被说成是“磕头碰到蛋上——碰巧了”。2012 年左右，盛行程序化交易，现在还有程序化，但不盛行了。研究基本面真正占主流，是这一两年的事。

（五）做期货就是做商品贸易

1. 在做期货之前，我就想过，如果发现一个商品要大涨，可以先买进，等价格涨上去了再卖出。

2. 简单来说，期货就是现货 + 杠杆，这些年来，在期货上获得巨大成功的，几乎都是懂现货的投资者。

3. 期货说白了，期的是货，“期”和“货”都不懂你怎么赚钱?

4. 做期货就是做现货，只是“见合同不见货”。做期货就是做五十多个品种的综合贸易商。

5. 做期货就是贩货的，是百货贸易商。一定要对贩的货一清二楚。

6. 做期货就是虚拟的贸易，了解“货”的供求是做好贸易的关键。

7. 期货是现货的另一种贸易形式。短线就是上午进货，下午稍微加点价就卖出；长线就是囤货放着，等以后涨多了再卖。

8. 期货是在电脑上做生意，买得低、卖得高就赚钱，买得高、卖得低就亏钱。做期货的，就是大型综合贸易商，通过贩货赚钱。做期货和做实体生意的“道”是一样的。

9. 做期货也是做买卖，也讲究生意经。不懂生意经，怎么赚钱? 期货就是电子化的生意。

10. 做期货生意，不用生产，不用销售，不用仓储，不用担心质量问题，也容易解决本钱问题，还有赊账、赖账也杜绝了。期货生意和现货生意相比，一个人能干十个人甚至一百个人的活儿。

11. 做期货，做的是现货，做的不是图形，图形好不好看不重要，现货的供求才重要。看上去是做期货，实际上是做现货。“线”决定不了“货”的涨跌。

12. 想不做反方向，就一定要对现货充分了解。

13. 涨跌最终是现货决定的，期货左右不了现货。如果期货能决定现货，那么股市跌的时候把股指期货买上去，股市就会变好？这显然是没用的。

14. 一定要把交易品种的标的搞清楚，都是棉花，也分三六九等，不同的棉花，价格可能差一倍。

15. 产业上的人懂行，但懂行不一定懂基本面，他可能只懂生产的货，而不懂政策的影响，不懂消费情绪的影响。

16. 长期来看，价格涨跌不能赖期货，那是现货的事。

17. 有人说期货妖，其实期货没有现货妖。期货还有涨跌停板限制，现货没有。历史上咖啡现货有过一天涨 20 倍的，豆粕现货有过一天涨 20%多的。

18. 商品现货为什么在跌的时候跌得快，因为跌的时候可能卖货的都想尽快卖掉，而突然没有买货的，卖货的找不到买家，价格只能越报越低，而买家看到价格越来越低，则更加不着急买了。

19. 期货有利于平滑现货价格，涨价了利润多了，产业套保做空锁定利润，人们看到期货不涨了，就把现货多卖掉一点，现货也就难涨了。如果只有现货，没有期货，现货商只能通过涨价赚更多钱，在缺货的时候，会涨更多。

（六）分析预测

1. 教科书上都写了“期货有发现价格的功能”，价格涨跌当然可以预测，不然如何去发现价格？

2. 如果未来是不可预测的，用于价格发现的期货市场就没有用处了，期货就不能做了。

3. 很多人对发生过的，容易相信，对没有发生过的，不敢预测、不敢相信，主要是没有逻辑推演能力。大部分人不敢确定，或没有方法去确定，也是因为没有逻辑推演能力。

4. 做期货就是要精准预测未来，一般人预测不了，只能追求所谓的概率，长期来看靠概率是行不通的。

5. 我做期货的方法源于常识，关键是政策洞察力、重要供求信息的把握、供求关系重大逆转信号的识别和把握。

6. 我的投资，以定性研究为主，定量研究为辅。定性研究，解决的是方向问题；定量研究，解决的是幅度问题。

7. 做研究分析，一定要具体情况具体对待，不要盲目用历史数据、历史经验。

8. 不同的行情，是不同的条件促成的，各种情况都得懂。懂的越多，对自己越有利，不懂的越多，对自己越不利。当然，真的通了，就能一通百通，关键是要通核心，一定要实事求是。

9. 货币松了，有利于消费，对商品是利多，但具体品种还得具体分析，要看各个品种具体的供求。

10. 价格在低位盘整，可能盘整两个月，也可能两年甚至五年，不能说上次盘整两年，就把两年看作是一个不变的规律。分析预测行情，关键还是要看真实供求关系的变化。

11. 对涨跌的预测，要动态来看。这个月做多，下个月还能不能做多，要具体情况具体分析，甚至可能上午看多，中午发生了重大事情，下午可以做空。

12. 分析涨跌，要找到本质原因，不能说因为资金进来了，所以涨，而要想想资金为什么要进来，要找到决定涨跌的关键因素。

13. 要抓住关键，要梳理要点，这样一下子就能通了。**预判行情的关键就是供求关系和价值规律。把价值规律和供求关系研究透，才能准确预测和定位。**

14. 做期货要有大格局，格局不够，预判不了大行情，拿不住好单子。

15. 期货的力量四两拨千斤，关键在于先知先觉。发现价格，就是要提前发现趋势行情和转折点。

16. 做投资，应先搞清楚当下，再看未来。

17. 先把不变的研究透，再去捕捉变化中的机会。

18. 天地人，对行情的推动，力量最大的是老天，第二是政府，第三是人。

19. 一切如预期发生，“黑天鹅”是我们无知的表现。

20. 市场上没有黑天鹅，所谓的黑天鹅是没有想到而已，想到了就不是黑天鹅。价格高了，出个事情让价格跌，价格低了，出个事情让价格涨，这是常有的事。

21. 在预测以内的行情发生了，没有惊喜，也不会意外。

22. 对个体来说，不是所有的事都能看到未来，但在自己擅长的领域，在特定的时候，是可以看到未来的。

23. 天天看一个品种的各类信息，每天都关注，更有可能在大行情来的时候抓得住。

24. 有些信息是能引发行情的重要信息，但看到的时候疏忽大意了，不够重视，就容易错过行情。

25. 毛主席说：没有调查就没有发言权。调查研究之后，才能更好地预测未来。有人说：不要预测，一切根据市场的变化操作。不预测，怎么做呢？根据市场的变化做，是不是也是预测呢？不管用什么方法，本质上都是预测，技术分析和程序化交易，只不过是找了个预测的工具而已。理论指导实践，首先理论要对。

26. 不管什么事情的发生，都是先有原因，后有结果。你找到了原因，就知道了结果，找不到原因怎么办？不做。

27. 在投资中，综合评估和有效执行一般人是做不到的，同样的信息和调研，不同的人分析了观点会不同，有了观点不一定敢下结论，下了结论不一定敢行动，行动了也可能不够坚定，坚定到什么时候需要改变也很难判断。

28. 自己没有经历过，又不用心去研究，研究时没有能力抓住关键环节，那就很难分析出正确的结论。

29. 勤奋能提高研究的广度和深度，理念和方法对了，就能逐步提高胜率。

30. 研究不能过分依赖团队，人多嘴杂。“千人打锣，一锤定音”，团队去调研和收集信息可以，决策还是要靠一个人，这和行军打仗是一样的。尤其在重大拐点上，可能 99% 的人是错的。对的人和其他人观点不同，但观点不同不是故意的。

31. “开车的不害怕，坐车的害怕”，不要老是交流，老是问这个问那个，还是要自己研究、自己经历。

32. 研究供求平衡表的，想要得到有用的研究成果，首先供求数据要准确，其次还要把数据变化的原因搞清楚。

33. 一定要把供需数据搞准，供需决定价格，供需搞准之后，才能把行情分析对。

34. 做研究，基础工作很重要，有个十几年的研究功力才能搞清楚一小部分品种。每个品种的特点要搞清楚，要明白什么品种在什么情况下才会缺货，才会有行情。

35. 出现哪些条件，行情会怎么走，研究就是研究这个，重点研究已经出现的能够形成趋势行情的条件。尽量关注能改变趋势的条件已经出现的品种，当下矛盾越大，趋势行情越容易形成。

36. 找不到真实准确的数据，就用对比的方法，看看今年多少，去年同期多少。

37. 有人说仓储费多少多少，利息多少多少，所以某个商品的价格跌不了，这是搞不清本质。决定价格走势的是供求关系，货太多了就要跌，那时可不管你的仓储费用和资金利息。

38. 期货的价格如果是合理的，赚钱的机会少；如果是不合理的，赚钱的机会多。

39. 不能太关注账户里钱数量的变化，应该多花时间研究头寸对不对。

（七）确定性

1. 任何投资领域、任何投资方式，一定要投确定性。

2. 做期货要抓爆发，找确定性。散户想赚大钱，只能做确定性大行情。

3. 世界上没有确定的事？当然有确定的事。冷了穿衣服就不冷了，还冷就再多穿一件，还冷就开暖气，肯定能不冷。

4. 我们要掌握不可改的唯一性的理念和方法，才能找到确定性。

5. 商品的行情走势，是“供需决定价格，价格影响供需，再加上价值规律”的综合体现，或者叫作“供求关系和价值规律”的综合体现。

6. 把供求关系和价值规律弄清楚了，单子就拿得有底气了。

7. 进场被套一点很正常，要相信供求关系和价值规律，不要怀疑。

8. 找不到确定性，轻仓也不行。方向做反了，哪怕是轻仓，也容易大亏。所以，第一方向要对，第二才是仓位管理。方向对了，其他好办。风险来自方向看错，看对了，哪有什么大风险？

9. 做期货，我反对概率论，要做就做 100%。别说 100 次里 50 次出错，哪怕 100 次里有 1 次小概率事件都可能导致大亏。

10. 一定要坚信，讲确定，不讲概率。只要对未来有确定性，一点也不用恐慌。

11. 做期货不能做概率，大概率会赚，那小概率怎么办？做就要追求确定性，当然，追求确定性也不能做到每次都赚钱，因为人的能力有限，无法每次都找到确定性。

12. 我对自己做期货的方法，是 100% 确信的，这条路肯定是对的。我对自己的方法从来没有怀疑过，如果这个方法都不行，那就没有行的方法了。

13. 我们追求 100%，但过程中条件变了，或者自己之前的预判错了，就要马上平仓，而如果条件没有变，并确定自己没有看错，则要坚持到底。

14. 做投资，若有确定性，我进攻性强；若没有确定性，我防守性强。

15. 关键是方法，做期货的方法对了，70% 的单子盈利也不难，最终，100% 的单子盈利都有可能。

16. 不管是左侧，还是右侧，确定的才能做，不确定就不做。左侧还是右侧是事后才知道的，关键是在行情还没有走完的时候知道后续行情的确定性。

17. 拿不住单子的原因是对未来不确定。不确定是因为对供求、对国家政策、对人性不确定。

18. 别人一说就改变自己的立场，就说明自己没有研究清楚。

19. 持仓经不起行情波动，那是对未来不敢确定的表现。

20. 对方向不坚定，说明还是对未来不够确定、不敢确定。

21. 要做确定的行情，要有明确的方向和幅度，不要一个波动就改变观点。

22. 怕的不是套住，套住一定能回来的单子，只要轻仓，就不用害怕。而套住了可能回不来的单子，则不能做。

23. 在低位找确定性上涨的机会，要比在高位找确定性下跌的机会相对容易一些。

24. 最最确定的上涨，发生在价格极其便宜、供求逆转的时候。

25. 唯有确定性，能解决所有问题。

26. 只要做不到确定性，问题就无法真正解决。

27. 连植物都会贪婪，更不用说动物了，贪婪是本能。有确定性、无风险的情况下，才可以适度贪婪。在确定性面前，追求利润最大化。

28. 一个确定性的投资机会，知道的人多了，就会变小，甚至消失。

29. 国外较多期货品种近月合约活跃，远月合约不活跃，可能因为国外的交易者研究基本面比较少，对远月不敢确定。

（八）供求决定价格

1. 我 2012 年的时候来上海，和别人说供求分析，那时有人就说这种分析方法会害死人。现在供求分析终于成为主流了。

2. 供求决定价格涨跌，这是万古不变的，是真理。

3. “供求关系决定价格走势”，地球没有爆炸之前，永远有效。

4. 供求决定价格，价格影响供求，就像鸡生蛋蛋生鸡的关系。

5. 商品本身没有好坏之分，物以稀为贵，少了就是好的，多了就会便宜。如果黄金多了，也会便宜。

6. 一个品种，长期来看，你做或者不做，它该涨还是涨，该跌还是跌，价格涨跌是市场的供求决定的，我们只能发现涨跌机会，不能决定价格涨跌。

7. 相信供求法则的人，才会去寻找影响供求的因素。

8. 市场价格的波动，是体现供求的过程。

9. 每个商品都有金融属性，但根本还是看其本身的供求关系。即便是情绪起来了，大家买，价格涨了，其实还是供求发生了变化。

10. 定价权在市场，在供求，不在中国政府和美国政府。当然，政府可以影响供求。

11. 工业品价格由供需决定，而供需则由政策决定。供需决定价格，价格反过来也影响供需。

12. 价格高了，也是有作用的。一方面，它能压住一部分需求，另一方面，它能促进一部分生产。

13. 企业盈利时，需求引导供应；企业亏损时，供应引导需求。

14. 一项商品供应地或供应方很集中，则它容易产生大牛市。

15. 供应变少的情况有两种：一种是逐步减少，另一种是一天就减少。比如：猪瘟让猪肉的供应逐步减少；而某些农产品遇到重大天灾，则可能一天就变少。

16. 供给侧改革下，需求增长得比产能快，这是钢厂 2016—2018 年利润较好的主要原因。做空钢厂利润要等到钢材的供不应求变为供过于求。

17. 需求好不一定涨，如果供应的增加比需求的增加更大，价格可能要跌。需求是好的，但如果产量太大，该跌也会跌。

18. 有农民看到茄子涨价了，就说早知道我也种 2 亩地茄子了。其实正是因为当时千万个他没有种，茄子才涨价了，如果当时千万个他都种了茄子，也就不会涨价甚至要跌价了。因为没有实施，所以才会有今天遗憾的感觉，一旦当时群体性实施了，今天的状况会完全不同。

19. 对个体来说，一是要识别哪些行业长期的生产量小于需求量，二是识别特定时间群体的消费兴奋点。提前布局或行动，就能获得良好投资回报。但如果越来越多的人具备了这样的能力，投资回报率就会逐步下降，直至回报低到吸引不了更多人进入。

20. 如果大家都明白了供求法则，价格波动幅度就会变小。一个市场，懂行的人多了，犯错的人少了，机会就少了。

21. 现在期货市场赚钱比以前难多了，因为懂供求的人越来越多了。

（九）趋势

1. 宇宙规律比我大，天地运行比我大，国家政策比我大，做投资要顺从这些大势才能赚到大钱。

2. 没有人想逆势，但很多人不知道势从何来。

3. 你要追随市场，追随趋势，怎么追呢？不知道市场是怎么运行的，无从追起。

4. 明白了“价格运行源于供求动力”，才能顺势而为。

5. 顺势的前提是知道势，势的内因是什么？供求！价格低，供不应求，涨；价格高，供大于求，跌。供求关系决定势。

6. 谁不想顺势而为？傻瓜才会逆势。可“势”从哪儿来呢？牛市还是熊市？大势还是小势？顺势而为的前提是知道“势”。图形好不好看，这不决定趋势，**供求关系才决定趋势。**

7. “势”怎么来的？就是供求天平的两端出现大的偏差，一边重，一边轻，矛盾大，由此形成了“势”。供求偏差越大，形成的“势”越大。

8. 涨跌的背后是有推动力的，这个推动力就源于供求关系的失衡。

9. 价格趋势源于供求动力，这是核心和本质，不用怀疑，也不可怀疑。

10. 任何资金阻挡不了大行情的发展，大势不可挡。

11. 情绪可以在短期被人为主导，但趋势不行。

12. 供求关系决定趋势，供求动力的大小决定趋势行情的大小。这个动力必须是事实形成的，而不是想象出来的。春天里的一个倒春寒，会让人担心现在是不是回到冬天了。春天来了，温度变高的动力没有变，不可能回到冬天。

13. 有肉的还是在第一波，要在上涨之前就进去。做第一波是主动出击，还安全，第二波、第三波不好做，被动，风险大。要加强发现第一波的能力。

14. 做趋势，就是要做供求偏差大的品种。供求偏差不大的，涨跌都可以，不好确定。

15. 把握两种极端，要么抓大涨，要么抓大跌，中间状态的品种不要太多时间研究。再进一步，重点关注生产企业大亏的品种，寻找做多的机会。

16. 一个商品，需求没问题，而生产者亏惨了，大减产，就会暴涨。

17. 产能下降，库存下降，需求很好，若价格在低位，必涨无疑。

18. 大趋势，把单子拿住，省心，赚大钱。

19. 一个品种，在一段时间内，应坚持一个方向。

20. 我做期货经常碰到好事，是因为我做的方向正好是好事容易发生的方向。

21. 应该发现趋势，而不是追随趋势，追随是二手的，发现才是先知先觉。

22. 价格逐步上涨，是市场逐步接受的过程。

23. 未来的正确趋势，一个人看到，两个人看到，一百个人看到，两百人看到，能量不断积累，可能行情有一天就转过来了。有些行情是这样发展起来的，不是一下子扭转的。

（十）价格高低

1. 商品的内在价值就是“成本＋适度的利润”。以成本为基准，衡量价格的高低。

2. 商品的价格到底是高了，还是低了，要看企业的成本和利润，要看供求关系。

3. 商品的价格怎样为高，怎样为低？生产者的利润越高为高，亏损越多为低。

4. 价格不高不低的时候，要涨要跌都很难确定。

5. 研究供求要注意，价格低了容易涨，价格高了容易跌。

6. 要重视价格，价格会改变供需，价格过高，供应早晚会起来，价格过低，供应早晚会下去。

7. 供大于求的商品，涨多了是好事，可以空在更高位；供小于求的商品，跌多了是好事，可以买在更低位。

8. 价格低，如果能弄清楚多长时间内货会变少，可以小仓逢低做多。价格高，如果能弄清楚多长时间内货会变多，可以小仓逢高做空。

9. 价格在高位，时间越长，往下跌的空间可能越大，跌到成本甚至跌破成本也正常。

10. 低价的商品不做空，高价的商品不做多。价格低了，打死不做空，价格高了，打死不做多。这是一辈子都要坚持的原则。价格一旦低于成本或接近成本，就是低价，即便跌，也不做空。一旦商品有了暴利，即便再涨，也不做多，当然也不敢轻易做空，可以先观望。低价做空，高价做多，凶多吉少。

11. 只要贵了就不要买，哪怕涨到天上去也不要眼红，但若有个品种没人要了，价格足够低，反而可能是买入机会。无论做期货，还是做现货，都是这样。当然，期货有杠杆，要求更加精准。

12. 我一看到低价商品，就像看到金山银山，肯定会重点关注。

13. 低价隐藏暴利。足够便宜，库存下降，需求又起来了，做期货容易翻倍。

14. 只有便宜我们才能赚到大利，价格不便宜我们从什么地方捞利？

15. 一定要足够便宜，便宜的一涨起来就存在暴利，并且越便宜越安全，非常简单。

16. 既然看涨的理由充分，足够便宜了就可以考虑轻仓买，老想着买在最低点是不对的，再说，即便到了最低点，也只能成交一两手单子。

17. 足够便宜了，就是安全的，什么时候能涨再说，至少跌不动了。便宜，就是最大的买入理由。买在绝对低位，套住了，也能回来。

18. 到了极端低价，即使再跌，也有限。

19. 商品在低价，哪怕全世界都在做空，我也不做空。

20. 在价格便宜的时候，千万不要卖出你没有的货物。

21. 价格足够低的，远月贴水的，不用杠杆买入，长期来看不会亏钱。

22. 低价做多，如果亏了，亏的钱也只是先放在对手那边，以后他会加倍奉还给你。

23. 不是价格低了就能买，把握“度”很重要，一定要对现货非常了解才行。而看不准可以不做。

24. 价格低不代表马上会涨，还要很多因素配合，不能因为价格低就去买。

25. 感觉价格低了，若价格没有低到抑制生产，短期内也涨不了。

26. 按天生产的商品，足够便宜了可以轻仓买进，因为太便宜了，生产商很容易减少产量。而按年生产的商品，足够便宜了也不能轻易买入，因为货已经生产好了，一下子少不了。

27. 跌破生产成本，并且这个成本是降无可降的成本，这个品种就是低价的。这样的低价商品，发生了扭转供求的事实，价格的上涨是 100% 确定的。

28. 因为这次新冠病毒疫情，较多商品在历史低位，可能是大机会的前夜，后续抓住这一把，或许就能成。（2020 年 3 月 17 日）

29. 上没有顶，下有底，一个企业只有亏得受不了，没有赚得受不了。

30. 上涨的顶不好找，相对来说，下跌的底好找。

31. 减产不涨价，只有在暴利的情况下发生。比如成本 1 元，卖 10 元，需求已经严重抑制，替代品也大量涌现，这时的减产不一定带来涨价。在高价发生减产事实，不能轻易做多。做多要盯住低价商品。

32. 做投资，高位上涨，最后那一波不能重仓做，错过也没关系，因为抓这一波的风险太大。做多找低位，做空找高位，那才是更安全的方式。

33. 供不应求会涨价，是因为价格在低位；价格在高位，即便供不应求，未来该跌还是跌。

34. 同样的供求矛盾，在不同的价位，未来的涨跌是不同的，要区分商品是处在盈利丰厚阶段、严重亏损阶段，还是有赚有亏不稳定的阶段。

（十一）做多做空的不同

1. 从以往的行情来看，下跌从来没有跌一倍的，上涨则经常有涨一倍的。做多不加杠杆，不会爆仓。做空不加杠杆，也会亏光。

2. 我为什么不太喜欢做空？也不是一根筋，因为做空虽然能赚钱，但发不了大财。

3. 我更喜欢逢低抄底，我买便宜的货，一看见便宜，我眼睛发光，看看是不是有机会，看看这个能发财不。

4. 做空发不了大财，真正赚大钱，要靠做多。大机构大亏，往往是因为做空。从 1 涨到 10，涨了 9 倍；从 10 跌到 1，才跌了 90%。当然，该空时也要空。只是做空不加杠杆也可能爆仓，而做多不加杠杆则不可能亏完。

5. 买便宜的东西，钱更管事，同样的钱可以买更多的货。所以做多起家的人相对多，做空起家的人相对少。

（十二）一致性预期

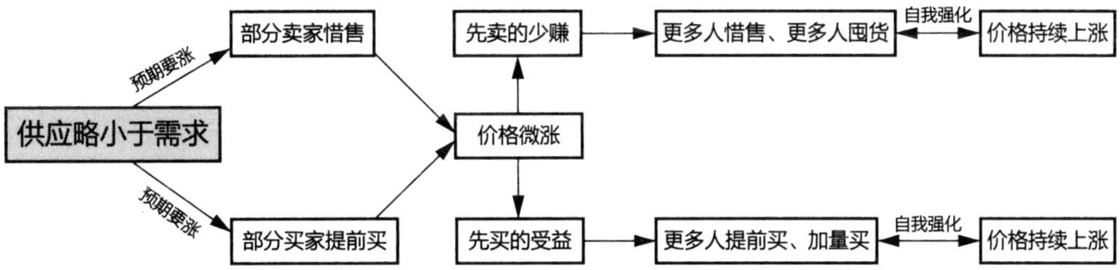

1. 短期价格的涨跌，和买卖双方的心理预期关系较大。当供应略微小于需求时，某些卖家预期价格可能要涨，想着慢点卖，部分买家预期价格可能要涨，想着早点买、多买点；价格略微上涨，卖得快的人觉得不合算了也开始惜售，囤货的人觉得自己赚了，要继续囤货或加大囤货量，由此市场供应量进一步变少，价格进一步上涨，惜售的更加惜售，形成自我强化，价格持续上涨；同时，价格上涨过程中，先买的比后买的更合算，买多的比买少的更合算，更多人会提前购买、加量购买，由此增加了需求量，推动价格进一步上涨，形成自我强化，价格持续上涨。反之，价格的下跌也是同样道理。

2. 不涨，没人去打听情况；涨了，很多人都去打听消息了。

3. 信心比黄金重要，同样的供求状态，大家都没信心，都去库存，价格就容易跌；大家都有信心，增加库存，则价格容易涨。

4. 心理预期会对供需及价格产生影响。同样多的库存，价格上涨时，库存不是负担，而是宝贝；价格下跌时，库存是负担，谁的货多，谁就亏得多。

5. 群体性信心的建立和崩溃，都是需要时间的。

6. 在大涨行情来临和发展的过程中，现货贸易商的心态变化如下：怀疑——有点谱了——后悔卖多了或买少了（自我强化）——坚决不卖了（疯狂）。

7. 人有惯性思维，一个品种一旦跌价的时间长了，很难相信它未来要涨。

8. 价格跌，不一定是因为经济差。当心理预期一致看空时，即便需求不差，价格也会跌。

9. 为什么有时候该涨的时候没有涨，是因为人们的悲观预期没有改变。

10. 东西没有了，缺了，就会涨价；不缺，一般不会涨。而在极端情况下，人们对未来心理预期极差的时候，商家明知明天会缺货，就因为今天还有货，还是会低价卖，那么，只有到了明天真的没货了才会涨。

11. 牛顿都说了："我可以计算出天体运动的轨迹，却无法计算出人性的疯狂。"有时候，人们的一致性预期太强了，即便你是对的，也没用，一个人无法对抗整个市场。

12. 每一次危机的发生，都不会发生在所有人都预期有危机的时候。

13. 经济由好转差或者由差转好的前期，大部分是看不出来的。

14. 一般来说，都乐观了，估值就偏高；都悲观了，估值就偏低。

15. 如果都恐慌了，政府一定会出政策扭转这个集体性恐慌的预期，这样一来，未来就会比人们的悲观预期要好很多。

16. 投资是孤独的，一个观点大部分反对或不理解，可能是对的；一个言论大多数人支持时，反而可能错了。

17. 大部分人形成一致观点的时候，要谨慎，要研究事实，要弄清事物到底会往哪儿发展。因为大部分人的观点往往是错的。

18. 一个非理性逻辑被大部分人认同，并推动行情时，这是大机会的前夜，但不要急于进场。集体犯错时，不能马上反着做，因为集体犯错可能力量很大，要在他们的能量释放得差不多的时候再进场。

（十三）中长线、看得远

1. 大部分人看得不够远，有远见的人，布局的是 A，想抓取的是 B，普通人想抓取的是 C，却不够重视 D 的风险。

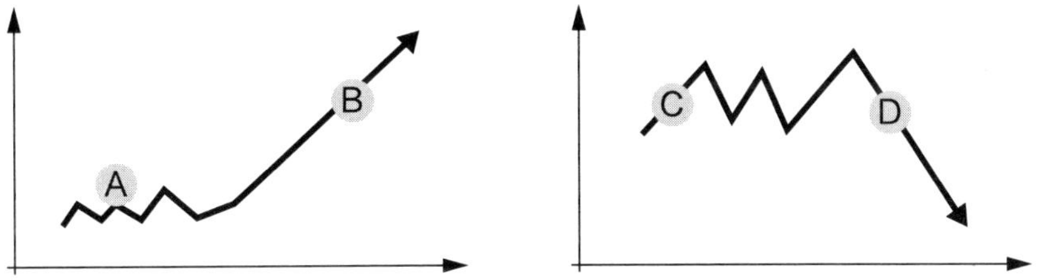

2. 经常去调研，充分了解现货供求，尽量不看盘，不被短期的波动干扰，持仓就不容易被洗出来。

3. 坚定方向的品种，尽量少做波段，多动不如少动，拿着单子一直持有，反而更好。

4. 来来回回搞一年，今天做这个，明天做那个，还不如看对一个，一段时间拿着不动。

5. 关键是搞准趋势，进场价格又好，这样才可以把单子较长时间拿着不动。这样的单子一旦拿住了，就不要老想着在中间的波动中赚钱。

6. 绝大部分情况下，都不要太在意一时一刻的涨跌，回头看这些波动都是小波动，不影响成败。

7. 坚定持有的单子，我是反反复复论证过的。有时候闭上眼睛也在思考它会如何发展。

（十四）短期波动

1. 行情短期波动加大，这是信息高速、广泛传播对金融行情的影响。

2. 很多投资者总想着在短期波动中找到规律，这是很难的，因为我们无法知道所有参与者短期的想法和做法。**短期的波动既然研究不了，就可**

以理解为无序。

3. 一开仓马上就赚一点，不一定是对的单子；一开仓马上就亏一点，也不一定是错的单子。正确的单子，不能套一点就害怕。

4. 长期方向是对的，短期波动大，就看你能不能熬过去，熬过去了，就能成。

5. 做交易一定要留有余地。没有不回头的行情，再好的行情，也可能会有较大的回调。

6. 虽然讲确定性，也还是有很多短期行情是无法理解的，交易中资金有点回撤很正常。

7. 天天看着盘，容易上贼船，偶尔看一眼，不能太在意，不能让盘面的短期波动影响自己的观点。

（十五）库存

1. 看库存，库存下去了，就说明需求大于生产，库存上来了，说明生产大于需求。

2. 去库存一般需要较长的时间，因为库存大、货多的时候，买家反而不着急买。

3. 有效去库存，一定是产不足需了。通过降价让下游买货，这种“去库存”不是根本，因为库存只是从上游转移到了下游，没有真正去掉。

4. 库存又低，企业又不赚钱，可以预期利润会扩大。

5. 一个商品的库存降了不少，价格跌了不少，是可以考虑做多的标的。

6. 便宜并且货少，或者不太便宜但缺货，这是做多的机会。

7. 一定要注意库存，去库存快的品种，特别是库存低、价格低的品种，要重点关注。

8. 要关注库存，重点关注可流通的库存，一些“死库存”不能过度关注。

9. 螺纹钢的产量创历史新高，而库存却下降了，货去哪儿了？货都被用了，需求很好！（2018 年 12 月 23 日）

（十六）农产品和工业品

1. 一般来说，农产品牛市，价格在高位站的相对时间短，因为某些农产品之间相互替代性强，比如豆油、菜油、棕榈油的相互替代，菜粕、豆粕的相互替代；而工业品牛市，价格在高位站的相对时间长。

2. 我会关注品种的比价关系，特别是农产品的比价关系。比如种玉米赚钱，种大豆不赚钱，农民必然会改种玉米，两者的价格关联性相对强。而如果生产铜赚钱，生产铝不赚钱，生产铝的很难转过去生产铜，两者的价格关联性相对弱。

3. 做投资，不管是农产品还是工业品，尤其是工业品，不懂宏观肯定不行。而离开了国家政策，就无法研究宏观。

4. 工业品的需求，由国家政策决定；农产品的供应，由老天决定。

5. 资源比较集中的工业品，出行情的概率相对大一些。

6. 为什么工业品的价格大跌时常常被打得过低，因为人们不懂经济学，对未来过度悲观。

7. 鸡蛋的标准养殖周期大约是 555 天，这是养殖户通过实践，根据一只蛋鸡的饲料和管理成本对应其产蛋效率和质量得出的大体上最优的养殖周期。鸡蛋价格高时，养殖户可能会养 600 天，鸡蛋价格低时，养殖户可能只养 500 天。

8. 如果养猪场都在养“牛猪”，把猪养得很大（卖不掉或舍不得卖），这对豆粕、玉米等饲料的需求非常大，有利于豆粕、玉米的上涨。

9. 农产品的收获分大小年，因为气候的好坏、地力的强弱是循环的，就像一个人有状态好的时候，也有劳累的时候。一块地休耕后，下一年的产量会高一点，就是这个道理。

10. 农产品最主要变量还是产量。要以实收为准，要以实际收到的产量为事实。

11. 眼前的现货不缺，在大家的预期又不好的时候，农产品在收获季节是难涨的。而在现货缺货并且减产的时候，农产品会在收获季节上涨。

12. 农产品如果遇到大的灾年，收获后，现货商主动卖，先小涨后大涨；现货商不卖，先大涨，后不涨。

13. 水淹一条线，一旱旱一片。较多农产品受旱灾的影响比涝灾更大。

14. 冻灾比旱灾、涝灾更严重，因为旱灾和涝灾一般影响的范围相对小，而冻灾影响的范围相对大。

15. 农产品主产区在减种的年份，不会减太多，摇摆不定的是副产区，副产区可能大幅减种。

16. 部分农产品，如果价格在绝对低位，库存没了，种植面积大幅下降，单产大幅下降，价格往往会涨一倍，甚至更多。

17. 粮食丰收和秸秆还田有一定的关系，秸秆还田增加了土地肥力，现在有机器可以粉碎秸秆，秸秆还田非常便利。

18. 现在种子的技术提高，农田的管理水平提高，全球的物流畅通，除非大减产，不然某些农产品难有大行情。

（十七）要懂宏观政策

1. 做投资要懂宏观，而最大的宏观是国家政策，要盯住国家政策的出台、调整和转向。

2. 国家在当前和未来会采取什么措施，这是宏观研究最需要关注和分析的。其中货币政策又是重中之重，这是纲，抓住了纲，纲举目张。

3. 谁的声音最大？中央政府。做投资，要紧盯和真正理解中央政府的经济政策。

4. 政府的调控能力很强，一个商品多 1% 和缺 1% 对价格的影响完全不同，而要调整 1% 的生产或需求，对政府来说并不难。

5. 现在扩基建、企业贷款放松、个人信用贷款放松，国内的需求会逐步向好。（2018 年 8 月）

（十八）调研

1. 功夫在盘外，不在电脑中，不在 K 线中。

2. 电脑之前是看不出方向的，功夫在盘外，一定要走出去，农产品的功夫在田间地头，工业品的功夫在厂矿企业，还要盯住国家的宏观政策。

3. 搞调研，要做力所能及的事，一步一步来，要务实。只要真的务实，就能通；只要不务实，就通不了。

4. 到处调研虽然辛苦，但也有好处：获得的信息多而通畅，更能把握重点行情。

5. 想归想，在家里推理，还要到现场调研，主产区、副产区都要去调研。

6. 产地集中的品种，更容易判断涨跌。

7. 2009 年我调研大蒜，能去的地方都去了，走了几万公里。

8. 调研固然重要，理论体系更重要，价值规律要懂，供求关系对价格的影响要弄清楚，不然调研可能效果不佳。

（十九）事实很重要

1. 要做到对任何品种都没有情结，唯以“事实”和“真理”为依据。

但大部分人以“情”为“理”，或以“利”为“理”，以此考虑问题，往往会出错。

2. 亏钱是因为不懂，瞎蒙。做期货千万不能凭感觉，要凭事实。

3. 预测要以事实为依据，没有事实，就是想象。准确预测，靠的是对事实的分析，而不是靠感觉。

4. 唯事实论，事实不是自己想象的，行情发生了就是正常的。人们往往认为大部分时间是这样的，才叫正常；只要和大部分时间不一样，就叫不正常。其实只要发生了，就是正常的。认为发生的事实不正常，那是自己不正常。

5. 我们做研究，只要不理性，就看不清事实。一定要把感性和惯性都去掉，以事实为依据。要相信真实的事实，不要感性和惯性。

6. 我有时候也会不客观，会凭感觉，所以我会强制自己相信事实，相信“理”。

7. 其实我很愚钝，只是因为坚持实事求是，所以慢慢有点智慧了。

8. 以前的事情是以前的，最重要的是搞清楚当前的事实是什么，以及这个事实对未来会有什么影响。

9. 没有形成事实以前，不能太当回事，主观上不能过度预期某件事一定会发生。

10. 不能因为自己做多了就去找利多因素，做空了就去找利空因素，要全面考虑，客观理性分析。

11. 实事求是，做到前面两个字“实事”都很难。道听途说的不一定真实，哪怕是自己亲眼看到、亲耳听到的，若凭自己的感觉去判断也不一定真实。“实事”是完全客观的真实。要有真实的事实依据，而不是自己感觉的、自己认为的。

12. 不要看盘，要看事实，事实是什么决定盘子往哪儿走。看盘是看不出行情往哪儿走的。

13. 不确定是事实，那就不要以此去判断，不要去参与。只参与自己确定的事实。

14. 不确定的，就要核实；错了，就要马上改正。

15. 事实没发生之前，不要着急；事实发生了，不要犹豫，跑步入场。

16. 一定要相信事实，如果事实已经发生，不可改变，你还怀疑什么？

17. 扭转供求的事实发生了，确定了，价位还得合适，才能死磕到底。

18. 为什么有很多的投资者在行情的转折之初，搞不清楚呢？因为他们对事实情况不清楚。

19. 行情的任何波动都是由事实决定的，只是大的事实决定大的波动，小的事实决定小的波动，下一秒的波动也是由微观事实决定的。因为微观事实、很小的事实很难把握，并且即使把握了意义也不大，所以应该把握大的事实，把决定中长期方向的事实搞清楚。

20. 如果事实是供求基本平衡，这种品种尽量不碰、少碰。

21. 没有重大事实的变化，仅是情绪引起的行情，若看不到、做不到，不用眼红，也不用遗憾。但事实变化引发的行情，要尽量抓住。

22. 尽量少去做远期的预期，而去做事实，正确的预期是建立在事实的基础上的。

23. 原来预期的条件，一个一个实现，那就坚持到底；原来预期的条件发生变化了，策略也要变化。

24. 时间是最好的朋友，事实会说明一切。

（二十）价值规律

1. 范蠡讲的是文话，我讲的是白话，我的交易模式和他类似。把范蠡研究透了，就把价值规律搞清楚了。

2. **贵出如粪土，贱取如珠玉。**行业暴利就是贵，低于成本就是贱。

3. 研究基本面，除了懂行，还要懂价值规律。

4. 商品的价值规律，也符合宇宙规律，比如一年四季有冷有热，商品价格就有涨有跌。宇宙有阴阳，阴阳平衡，物极必反，价格也是如此。宇宙规律在宏观层面和微观层面都会发挥作用，用的是同一套程序。有三天一个轮回的，也有三十年一个轮回的，甚至还有三万年一个轮回的。

5. **阴阳平衡，涨跌轮回，这是真理。**

6. 理想状态很少，不是过阴就是过阳，然后再平衡，再失衡，不断循环。

7. 不管是供大于求，还是供小于求，不管是资金过剩，还是筹码过剩，不管是市场恐慌，还是市场亢奋。回归平衡（相对平衡、动态平衡），是一切价格运动的动力。

8. 生产者亏损严重，不可持续，暴利严重也不可持续。

9. 商品暴利持续的时间可能比暴亏持续的时间长，商品暴亏，商家都不生产了，价格很快就会上去。

10. 人们常说“价格围绕价值波动”，更准确的说法应是“价格围绕成本波动”。大部分时间，价格在成本之上，小部分时间，价格在成本之下。

11. 只要一个行业的生产者亏损的时间长了，后续迟早会有大行情。高价的不敢轻易做多，而低价的，今年不涨，明年涨。研究成本，重点要关注成本线以下的那段时间和价值，低于成本的时间长了，或者短时间大幅低于成本，就会有人退出生产，价格一定会涨上去。

12. 价格高了，生产者有暴利，千万不要做多；价格低了，生产者都亏钱了，千万不要做空。有些钱是不能赚的，一个品种在某个价格时，不能去做多或做空，一旦做错，可能亏得连骨头都不剩。

13. 买足够便宜的，卖足够贵的，这是原则。做期货，再正确的方法，也要讲究纪律。

14. 极端的价格，容易引发相关事情的发生。比如价格低了，生产者容易疏于管理，减产事件就可能发生；价格高了，生产者积极性高，增产事件就可能发生。

15. 商品本身的价值规律永不改变。一个商品的价格大幅低于成本是难以持续的。

16. 什么是不变的？万变不离其宗。价格低了，往上走是不变的。价格低了，生产积极性受到抑制，供应减少，而低价还刺激需求，上涨只是时间问题。这样的大行情，抓住一回就行。

17. 如果给我们创造财富的生产力都在亏损，谁还愿意生产东西卖给我们？最终，只有一条路：价格上涨，恢复合理的生产利润。

18. 一个行业如果商品售价低于成本的时间较长，干这个行业的人就会越来越少。只要这个行业是有用的，价格总会涨上去。

19. 非常便宜的东西，即便短期供大于求也不一定跌。全行业亏损了，没人乐意生产，时间长了，货就会变少。

20. 捡便宜货，是投资真经。

21. 有暴利，生产量就会越来越大，供应增加，高价还抑制需求，下跌只是时间问题，不然全世界的人都去干这个行业了。

22. 暴利，产能大幅扩张，库存逐日增加（除去季节因素），下游对高价有很大的抗性，这是见顶的信号。

（二十一）价值投资

1. 巴菲特的老师教给他最重要的四个字就是“安全边际”，只有当价值被低估的时候才存在安全边际。安全边际不保证一定不亏，但能保证盈利的机会比损失的机会更多。

2. 价值投资，只能在低位做多，只能在确定性的绝对安全边际时做，做进去就不怕跌，最终一定会赚钱。

3. **什么叫价值投资？价格低于成本时，有价值投资的机会。**

4. 所谓“价值”，就是“价格”值不值。“价格”值，就有了“价值”。

5. 如果一个人的基本面分析老是出错，那是理论体系不完善导致的，他对价值规律的理解不到位。

6. 安全边际和价值投资是有标尺去衡量的。如果商品的利润很高，不是价值投资，最多是价值投机。

7. 未来有人要，又不会变质的商品，价格远低于生产成本，买入长期持有，是有安全边际的。

8. 追高不是价值投资。整个产业链都亏损了，价格极低，那时买入是价值投资。追高，最多是前景有价值。真正的价值投资是“找坑”。

9. 做价值投资，最佳进场点很难找，把握好这个度比较难，因为有很多因素需要权衡。

10. 最最好的价值投资时机是：投资的商品标的价格低于成本价。当然，价格高于成本价的某些阶段，也是有投资价值的，但若价格低于成本价，其投资价值会更高。所谓的安全边际，就是尽量低于成本。最最好的价值投资机会，一生中只需抓住很少的几次就够了。

11. 2015 年底，大部分商品一起跌到底部，这辈子很难再遇到了。

12. 价格绝对便宜，就有了价值，如果相关政策、天气、事件配合，就会上涨。

13. 一个“买在便宜价”，几乎解决了所有风险。**真正的价值投资，是没有风险的。**

14. 现货到了极限成本，赚钱无上限，亏钱有底线。

15. 股票要买低估的，在中国，不少上市公司是不会倒闭的，低估了买，还是比较安全的。比如 2014 年 4 月开始，我逐步买入大同煤业、宝钢、神华、万科等，后来大盘涨了1000点就平掉了，股票毕竟不是我的主业。股指在2000点的时候，也买了一些，但当时以为商品会更好，就过早平掉去做商品了。

（二十二）物极必反

1. 老天不会让一项常规的、对大家都有用的东西灭了，物极必反，到了一个极端，老天一定会出条件扳回来。

2. 物极必反，在老天要让行情转势的时候，千万不要和老天对着干。

3. 物极必反，“必”是100%，不是概率，关键是找到那个“极点”。

4. 进场后，想要短期就赚钱，就得买在行情的转折点或是起涨点。

5. 物极必反的极点，是这样一个点：如果继续发展下去，这个事物就会消亡，如果这个事物不可能消亡，那就只能往反方向发展。

6. 一个对人类有用的商品，价格到了一个位置，如果再跌下去，整个行业就会车毁人亡，那么，这个价格就是物极必反的极点。

7. 能对供求关系产生重大逆转的事件，发生之前不要着急，发生之后不要犹豫。

8. 追随趋势，“追”就晚了，期货制胜的法宝是先知先觉。我们要做的工作是找转折点。

9. 做期货，找到转折点，一回就够了，一战即可成功。

10. 最好是既不左侧也不右侧，而是买进去当天就涨。

11. 大行情，往往是由一个转折性的大事件造成的。一个大事件发生的时候，价格又在相对极端的位置，会形成逆转型的大行情。遇到这种大事件，千万不要犹豫。

12. 价格过低，出事就容易向涨价的方向出；价格过高，出事就容易向跌价的方向出。自然规律就是这样，不然阴阳就不平衡了。能量积聚到一定的度就会爆发，关键是要有能力和方法找到那个爆发点。

13. 一个行业的低迷周期，一般不超过三年，物极必反。

14. 如果一个行业持续亏损，亏到所有企业都维持不下去的时候，一定会反转过来。因为只要人类还需要这个行业，这个行业就不会灭。

15. 鸡蛋便宜了，养鸡的发生亏损，鸡的存栏量不下降，鸡蛋的价格涨不上去；养鸡的大量杀鸡了，鸡蛋就会涨。

16. 螺纹 1600 元 / 吨的时候，钢材整个产业链都亏，钢厂老板都哭了，这样下去，不出三个月，钢厂可能大面积倒闭，这个时候做多，不怕跌。

17. 当别人的信心都丧失的时候，整个市场群体性犯错的时候，一定要理性。危机来的时候，机会最大。比如 2015 年底，黑色产业全面亏损，库存极低，当时很多人都说需求完了、房地产要崩盘了、人口老龄化严重等，市场全面恐慌，结果呢？ 2016 年大涨！

18. 品种多了，物极必反的机会就多了。50 个品种，一个品种哪怕 50 年有一回物极必反的大行情，那么整个市场平均每年都有大机会。

19. 现在跌得越多，对未来越利多。（2020 年 3 月 26 日，新冠病毒疫情中）

（二十三）选品种

1. “贪多，嚼不烂”，从宏观到微观，到处都适用。要是搞不清楚多个品种，那就先把一个品种研究透，一定要把做的品种搞得清清楚楚。先把最熟悉的品种研究透，掌握正确的方法后，再去关注其他品种。能驾驭一个才算一个，别想做太多。要有十倍的力量才去驾驭，一定要有绝对的胜算才去做。

2. 品种杂，仓位重，研究不彻底，容易拿不住单子。

3. 中小资金做一个品种就行了，不要东做一点西做一点。只做自己最确定的就行了，品种不能杂。

4. 不是把鸡蛋放在多个篮子里就是对的，而是要确定哪个篮子能生鸡蛋。

5. 配置、对冲，都不太靠谱。应该精选，哪个行就选哪个，不行的配置进去有什么用?

6. 多品种配置，不如只做一两个品种。

7. 对品种当下的情况没有搞清楚，因为手痒去做的，往往要亏。手痒的原因之一是老看着这个涨了那个跌了；原因之二是急于一夜变成亿万富翁；原因之三是输了钱心急，想要马上翻回来。

8. 试单一个品种，如果没有绝对的把握时，千万不能恋战。

9. 不确定，没把握，尽量躲远点，不去碰。

10. 现在期货市场这么多品种，要做自己搞得清楚的，搞不清楚的不做。

11. 做期货，一个阶段先做好少数几个品种，不要关注太多品种，要抓住自己能看懂的、矛盾最大的品种。

12. 做期货，做这个看那个，同时关注太多的品种是大忌，一个阶段做好少数几个在供求上有核心矛盾的品种即可。

13. 持仓一般不超过 3 个品种，主要持仓的品种一般就 1~2 个，持仓越多越麻烦。核心品种只做自己懂的，确定的，有把握的。大部分品种只看不做，反而能提高正确率。

14. 死心塌地地缠住一两个确定性的品种是高招，对其他品种没有把握之前，不用去做。

15. 价格最低的，库存最少的，生产者亏损最大的，自己熟悉的，这是做多的好品种；价格最高的，库存最多的，生产者盈利最大的，自己熟悉的，这是做空的好品种。

16. 不贵的，不便宜的，别理它，盯住有问题的，第一要点是买便宜的。

17. 震荡时期，资金和心态对行情影响大，这样的品种要观望，最好别做。

18. 供求不极端，没有大行情。找到供求偏差大的，又能找到拐点，才拿得住单子，才能赚大钱。

19. 因为有杠杆和期限，做期货要分析当下为主、未来为辅，最好是能找到马上涨或马上跌的品种。

20. 第一，稳住，不乱做；第二，做眼前矛盾大的品种。

21. 一个品种价格便宜了，还有大矛盾的发生，才是绝好时机。

22. 抓住眼前的矛盾“足以改变供求关系，足以改变人们心理预期”的品种。

23. 何为矛盾足够大？正常吃三个馒头能吃饱，吃两个半也勉强能行，那么有两个半馒头的时候，矛盾还不够大，而到了只有一个半馒头的时候，矛盾才足够大。

24. 盯住有问题的品种，问题分两种：一种是暴利的行业，一种是暴亏的行业。当然，首先要盯住的是生产者暴亏的行业。因为利润高了可以再高，高到什么程度较难把握。但如果一个行业全面亏损，就会有企业停工不干，价格就会起来。

25. 不同的品种，相同的减产幅度，价格的涨幅不同。要看这个品种是刚需还是可替代的，如果是刚需，价格上涨会更大；而如果是可替代的，则要搞清楚价格涨到什么位置才会有其他商品来替代它。

26. 每一个期货新品种上市，都会有新的一批人进入市场。新品种容易产生投资机会，因为做新品种的人不懂行的比较多。等一个品种懂行的人多了，也就难赚钱了。

27. 现在品种多了，每个品种 50 年出一回大行情，那么平均下来，就年年都有大行情了。

28. 2019 年，一部分品种的行情也算是波澜壮阔，回头看这么大的行情，随便抓住一个，即便轻仓，也不会少赚，如果抓住几个，可能就从投资小兵变成将军甚至元帅了。

29. 其实这几年行情都比较大，主要原因是品种多了，几乎每年都有品种出大行情。现在不缺行情，不缺机会，缺的是抓行情的正确方法和理论。

30. 品种多，机会好找。品种越多，越适合用基本面分析做趋势的投资者，每年总有一两个品种出趋势行情。

31. 品种多了，做完一个品种的大行情再找下一个，往往能接得上。品种多了以后，用供求关系和价值规律做期货会更好做。不一定要一年抓一个大行情，两年抓一个也不错了。

32. 不是说在操作的品种才去用心研究，没有在做的品种也要用心研究。

33. 别怕一个品种没有持仓，只要有行情，就会有持仓。

34. 不同的品种特性不同，同样的供求矛盾，大蒜的可替代性小，鸡蛋的可替代性大，所以大蒜很容易涨几倍，而鸡蛋很难涨一倍。

35. 一些品种所谓的“替代品”的供应，那也应是涨价到一定幅度了才会有替代效应，很多时候，替代是个伪命题。

36. 所谓的替代消费，要考虑总量问题。B 可以替代 A，那么 A+B 的总需求量是多少呢？ B 替代了 A，B 本身可能就不够用了。不吃馒头，可以吃大米，但先要把大米准备好，否则，所谓的替代就不现实。

37. 商品就像人一样，身材有胖有瘦，脾气有暴有温，有些商品一有行情就能翻倍，有的则是 30% 就是大行情了。

38. 有些商品，如果缺了，可能会一直涨，涨的幅度很大，因为消费端对价格不敏感，贵一点，用量也不会明显减少。

39. 天胶是“属猴”的，价格上蹿下跳，涨跌 50% 都很正常。

40. 原油的价格，很多时候还是要看美国的脸色。

（二十四）升贴水

1. 期货合约逐月贴水，有利于做多。

2. 升水结构的品种，不能轻易去抄底。

3. 长周期的投资，做多尽量选逐月贴水的品种，做空尽量选逐月升水的品种。

4. 期货大幅升水于现货的，做多要谨慎，必须是马上大涨的机会，才能作为重点做多的品种。

5. 原本大家的预期都不好，后来大家的预期都好了，即便现货不涨价，期货从大幅贴水变为升水也能涨不少。2008 年金融危机中，汽车销量也很好，天胶期货大幅贴水现货，后来天胶的涨幅巨大。

6. 做期货，只看升贴水是不行的（做多期货贴水现货的品种，做空期货升水现货的品种），关键还是要看供求关系。如果供求矛盾大，现货能涨 2000，期货升水 500，也是可以做多的。

7. 升水做空，贴水做多，这种手法有一定的优势，但不能死做，还是要以基本面供求为前提，因为升水的也可能涨一倍以上，贴水的也可能跌 50% 以上。

8. 最好找到确定要大涨还贴水的品种，或者确定要大跌还升水的品种。不过，现在这样的机会越来越少了。

（二十五）抓主要矛盾

1. 我们在研究分析的时候一定要先抓住主要矛盾，再去抓次要矛盾。

2. 当主要矛盾出现的时候，就会形成一种趋势，会持续较长时间。

3. 在一个主要矛盾成立后，它会管较长时间，但每天都可能有次要矛盾发生，若不够坚定，就会被次要矛盾干扰，忘记了方向。

4. 分析趋势时，我们要抓住主要矛盾，舍弃次要矛盾。

5. 做期货要找有主要矛盾的品种，抓住这个主要矛盾不放，在这个主要矛盾解决之前，趋势很难改变。至于没有主要矛盾，或主要矛盾不清晰的品种，不做也罢。

6. 越是大行情，越是清晰，基本上每个人都能看到。而越是小行情，则越是分析不清，多、空的因素都有，并且找不到决定性的因素。

7. 如果眉毛胡子一把抓，就抓不住重点，要想办法抓住重点，而抓住了重点，就能纲举目张。

8. “盐是怎么咸的，醋是怎么酸的”，这是农村的一句劝别人的话，意思是：别生气，别苦恼了，回去好好想想，事实是什么，根在哪里，纲在哪里，要抓要领，要抓主要矛盾；要搞清楚什么是现阶段的主要矛盾，主要矛盾出来后，不要过多在意次要矛盾。

（二十六）突发事件

1. 对突发事件要好好研究，尤其是价格在高位或低位的时候。

2. 一个突发事件，若把供求关系和市场情绪都扭转了，会有一波大行情。

3. 在决定大行情的突发事件发生之时，绝不能犹豫，要第一时间行动。

4. 价格够低，突发事件够大，趋势就来了，要敢于第一个冲进去。

5. 有哪些行情是确定的？一是突发事件，也可叫事件驱动，比如从供大于求一夜之间变成了供不应求，刚好价格非常低，那就是入场的好机会，这种机会一定要反应快，要第一时间进场，不要看一看，观望一下。二是价格在低位，库存没有了，产不足需，只能通过涨价吸引更多人进来生产满足需求。

6. 期货市场机会很多，光做突发事件也够了。品种越多，突发事件引发的行情越多。

7. 这次新冠病毒疫情导致的金融市场暴跌和以往的危机没有类比性，和历史上的危机几乎都不一样。（2020 年 3 月 26 日）

8. 最差的结果，可能是全球耽误几个月。就像大家都放假几个月而已，对经济的影响没有想象中那么大。几个月我没干活，你也没干活，都一样。金融市场的大跌，主要是恐慌造成的。（2020 年 3 月 26 日）

9. 国外疫情现在还不行，中国倒已经挺好了，中国经济没有大问题，A 股应该不会大跌。（2020 年 3 月 26 日）

（二十七）进场、出场

1. 一定要对未来的走势有明确的方向，要看对，还不能怀疑。看对了方向，进场时机还要好，入场早了会被动，入场晚了也会被动。力求买在最低点，卖在最高点，并且进场后马上就能涨，虽然很难。

2. 做期货，如果不加杠杆，在大方向指导下，不用追求太精准，但如果使用了杠杆，特别是使用了高杠杆，那就必须追求精准。

3. 做多，准确入场的条件：①生产者大幅亏损，不断有人退出生产；②库存大幅下降；③现货缺货；④期货大幅贴水于现货。

4. 需求好，价格低，库存低，生产者亏损，现货涨价，期货远月大贴水，这是最好的做多机会。

5. 价格过低，对生产造成严重伤害，但因为市场悲观预期的延续，大家不敢看多，还在低价销售，而一旦现货开始买不到货了，期货还贴水，这是好的入场点。

6. 不能因为你有一个止损位，所以去下单，而应是你确定了一个结果，才去下单。

7. 如果你的多单拿在低位，就有长期耗的条件和底气，最后还是你赢。

8. 一个低价买入点，轻仓买进后，如果确定最多只会跌 5%，单子就拿得住。买入进场后，如果套住了都能不亏，那么马上涨的就更不用说了。

9. 基本面分析也讲究进场点。用足够的时间，等最佳入场时机，要确保进场点是绝对安全的。

10. 在矛盾不是很突出的时候，不要轻易出手。

11. 一个商品价格刚低于成本时，价格不一定马上止跌。最好是发生了扭转供求的事实之后，再介入。

12. 低价的商品不是马上做多，要进入关注范围，但不要心急。鸡蛋低价，养鸡的大面积杀鸡了（收鸡蛋的小贩，原来一个村收一车，变成三个村收一车），才会大涨。扭转供求的事实发生了，不要犹豫。

13. 入场要在转折点以前，而不是去追，这样的单子容易拿得住，不容易被洗出来。

14. 最好是现货的供求变了，而价格没变或更有优势了，这时进场的价位不容易被套。

15. 一定要超前，不是延后，一定要在趋势没有发生以前进场。

16. 要买买便宜，要卖卖价高。既然看涨，为什么要等向上突破了再追进？早干嘛去了？

17. 为什么突破了才买？如果确定，没突破就该买；如果不确定，突破了也不能买。

18. 突破加仓是不可取的，这次突破可能有效，下次突破可能就无效了。

19. 经过深入的分析认为机会来了，很多人一开始不敢入场，想要买到更好的价位或观望犹豫，而等趋势开始了，反而信心足了，一下子冲进去了，这时一个反向运动，就会很难受。其实，确定性的行情，还是要在一开始及时入场，后续不能轻易加仓或不加仓。

20. 我一般一次性建仓，确定了就买。想做一个品种，就要分析透，基本上就是一次进，不用分几次买，看的不对，也是一次平仓更好。

21. 看涨，要逢低买。涨了，不能追高买。追高了，如果仓重，一个回调，就麻烦了。低价买的，价格在上面怎么震都是利润，跌多了反而还可以加一点仓。

22. 做多尽量不要追高，回调多了不要怕，反而要敢买。

23. 要买买低价，要卖卖高价，这是原则。如果坚定看多，跌停板也可以买入，跌停了价格低，还没有人抢单子。

24. 为了降低风险，最好在对手拿我们没办法的点位进场。

25. 危机，危机，“危”以后就是“机”。每次危机都是建仓的机会。

26. 如果确定看涨，最好在市场最悲观的时候买。

27. 东西没人要的时候，可以考虑去买；东西人人抢的时候，不能去买。

28. 对趋势没有太大把握的品种，如果轻仓试单，一方面要在价格有优势的时候进场，比如价格高了，短期又涨了不少，则少量做空；另一方面，不能恋战，一定要赚钱就走，不然很可能出现赚钱不走、亏钱止损。

29. “会开仓的是徒弟，会平仓的是师傅”，这句话是错的。入场时机最重要，“买出利来，才能卖出利”，进场点好，怎么平仓都是赚的。

30. “重势不重价”是错误的，很多重要时刻，价格比趋势更重要。

31. 正确的单子，越拿得住，越容易平在好的位置。

32. 不轻易砍仓的前提，一是看对，二是轻仓。

33. 止损的前提是知道对错。犯了错，纠正，那叫止损。止损，不能把机会也止掉。确定是错了，应该马上止损。确定是对的，回调时如果仓位轻，还可以加仓，而不是止损。

34. 不能以资金亏损幅度设止损，而是要看分析得对不对，不对马上走，对了套一点也正常。

35. 挂止损单，是站不住脚的，期货是对手交易，你平仓一手可以，如果平仓一万手，没有足够的对手盘，就成交不了。

36. 知道对错，再谈止损。画条线来止损，止来止去，钱没了。要止的是错误，不管盈亏，错了就马上止。就像毛主席的军事战略战术，一时的输赢不重要，取得最终的胜利是确定的。

37. 做错了怎么办，做错了赶快跑，不光要止损，关键要止错。

38. 止损，是止错误，是防止错误扩大化。暂时的亏损，不一定是错，暂时的盈利，也不一定是对。不错不止，错了马上止。

39. 不对马上跑，不能拖泥带水。如果确定自己的单子错了，不要管点位，对手盘有单子就抢，尽快平仓，这是交易的原则之一。

40. 为什么说平仓难呢？因为进去的时候没有真正的依据，甚至是冲动进场，进去后心神不定，平仓就变得左右为难。

41. 看对了，又轻仓，暂时浮亏，为什么要止损？正确的单子，浮亏不是亏，止损就变成了实亏。而如果犯错了，不管盈亏都要尽快“止损”。

42. 持有的单子已经涨了不少，这时出来一个重大利多，行情又大涨，可能就是平仓的好时机。

43. 大家都冲进去做一个品种了，对有持仓盈利的人来说，可能就是撤退的好时机。

44. 做多赚钱的单子，如果觉得价位高了，那么差不多就行了，不一定要追求平在最高点。高位平仓一部分后，即便后续价格又涨了，也不必后悔赚少了，其实那是更安全了。

45. 以前盘口的挂单比较多，现在的挂单似乎变少了。盘口挂单少，不利于进出。

46. 资金大小不同，在操作细节上要有不同的进出场方法。

47. 特朗普搞贸易战，大家对经济的预期不好，在金融市场容易反应过头，这会给股市和一些大宗商品低价买入的机会。（2018 年 10 月 13 日）

（二十八）仓位

1. 重仓是致命的，只有在极特殊的情况下才能重仓（比如价格低于成本，库存低，需求好，有重大事件或政策促进供不应求，才可以重仓做多）。

2. 轻仓的时候，只要大方向是对的，套住一点也没关系，要稳住。轻仓的时候，心态好，拿得住单子。坏事就坏在重仓上。

3. 轻仓，长线，其实是最难的，因为很容易手痒、贪心、急躁。只要方向是对的，轻仓长线，套住一点也能扛住。

4. 重仓是亏损的祸根，杠杆是亏损的重要原因。

5. 仓位轻，方向对，长期持有，主力怎么洗盘都没办法把你洗出去。

6. 不要嫌慢，正确的单子，重仓了被洗出来，还不如轻仓拿住。

7. 长期方向看对了，但短期打不过对方，如果仓位重，也要赶紧跑。

8. 不能轻易重仓。确定涨，并且马上涨，不可能有失误，才可以重仓。

9. 只有确定行情马上开始，才能适当加大仓位，而如果只是确定了长期方向，短期的市场情绪把握不好，不知道什么时候启动行情，则一定要轻仓。

10. **重点是看对，而不是仓重。做期货还是轻仓比较好**，看对了，每次都轻仓，时间长了，也能赚大钱。当然，如果品种没选好，方向没看对，轻仓也没用。

11. 都说我胆大，其实我胆小。价格够低了，基本面够明确了，才敢重仓交易，大部分时间是轻仓的。资金安不安全和仓位大小有关系，但仓位大小不是安不安全的关键，关键是方向对不对。

12. 我做了 20 年期货，几乎没有一天是空仓的。但面对确定性不高的品种，仓位必须很轻很轻，交易只是为了保持关注和找感觉。

13. 我做了这么多年期货，吃亏还是吃过的，但是越大仓位的时候越没怎么吃亏过，亏都是亏在轻仓的时候，因为看得准的时候仓位才能大。亏钱都是一点一点亏的，赚钱都是一把赚来的。

14. 看对了，不能丢单子，单子丢了，不容易拿回来。最好的办法是正确的单子拿着别动，仓位不能太重。当然，初期进场时，确定性高，仓位可以略重，早期阶段可以少量加仓，中后期则不加仓更好。

15. “脚轻头重站不稳”，单子盈利了，不能轻易加仓。

16. 买了之后，涨了一点就大幅加仓，或者跌了一点就大幅加仓，这两种加仓方式都不合适。不能乱加仓，一定要在价格低到一个阶段的极限时才能加仓。

17. 一路加仓赚的钱，除非出金，否则老用这样的方法，总有一次亏回去。

18. 一波行情赚了大钱后，千万不要加仓，这样才能保住钱。

19. 相对于做空加仓而言，做多加仓可以更从容一些，安全系数也更高一些。

20. 每次都重仓的方法不可取；做多，在上涨的时候不断加仓也不可取。一般情况下，持有多单上涨了，应该逐步减仓，而不是加仓。

21. 根据现在的基本面情况，即使没有底仓，这个位置也可以进场，才能加仓。

22. 资金管理很重要，方向判断更重要，准确度越高，仓位可以越高。单个品种，在没有绝对把握的时候，持仓不能超过 10%。

23. 资金越大，单品种仓位要越低，总仓位也不能高。一般情况下，单品种不超过 10% 的仓位，只有确定这是最佳入场点时，才能适当加大仓位。

24. 不管账户资金多少，要克服“钱少就重仓、钱多才轻仓”的心态，关键是方向要正确，确定性越强的机会，仓位越大。没有确定性，钱多钱少都不能做。

25. 找不到100%确定的品种，如果手痒，可以做90%、80%概率的品种，但仓位不能重。

26. 遇到最好的机会，可以考虑一把梭，但一把梭不是仓位100%，而是仓位20%~30%。

27. 遇到了确定性的大行情，坚决不求“大”，而要求“成”。大行情重要的是一定要赚到，赚到了就不会少，而一味求大，重仓了，一回调，可能就亏损了。

28. 一般来说，20%的总仓位比较合适。如果方向是对的，又能确定反向波动的空间很有限，单子拿着就行。

（二十九）交易频率

1. 做期货，对大部分人来说，交易的频率越高，盈利的可能越低。

2. 做期货，少动是高招。随着交易次数的增加，盈利的概率就下降。期货不喜欢“勤快人”，单子不是做越多越好。

3. 做的品种越多，交易频率越高，成本就越高，犯错的概率就越大。

4. “家有万贯，不如日进分文”，而做短线交易的刚好相反，天天交很多手续费，最终很容易亏钱。

5. 要有对手盘才能成交，没有对手盘，进出都很麻烦。如果资金量大，开仓平仓一来一回可能就要不少成本。操作越频繁，越难赚钱。

6. 不倒腾，看着处处是机会；一倒腾，发现处处是陷阱。

7. 喜欢来来回回做的人，可能更好地控制了风险，但也可能错过大行情，或在大行情中少赚很多。

（三十）耐心

1. 想抓大机会，该等还是要等，和有钱没钱无关。没钱，如果着急做交易，不是会更没钱吗？

2. 当大家的看法一致时，容易扭曲行情。你看对了，但如果看错的人太多，人多力量大，短期你很可能亏钱。**要抓大行情，耐心等待是高招，**要等待政策重大调整或产业出现大的变化再出手。

3. 一个品种，未来是要涨的，但如果悲观的人很多，在悲观预期的早期你做多要亏钱，中期也要亏钱，只有在后期严重扭曲了做多才能赚钱。所以等待很重要，判断对了，还要在好的时点进去。一个产业被伤透了，才会彻底转势。

4. 即便你发现一个品种未来要涨，也要等到现货紧张的时候去买，因为看空的人力量可能也不小，他们一直要到买不到货了才会相信未来会涨。货不紧张，空头主力有足够的能力往下打。当然，如果短期跌过头了，也会有反弹。

5. 不要求快，要求稳、求准。

6. 心要静，做的单子没赚钱，没做的或平掉的品种错过了行情，都不要遗憾，不要后悔。一定要把“快速赚钱”的想法戒掉。确定性不高，老想着快速赚，着急了容易亏。谁不想快呢？但任何事情都要一步一个脚印才能成功。

7. 进早了是因为着急，老怕错过行情。等现货出问题了，这时进场，更容易买在好的位置。还是要有耐心，不能三天没单子就慌了。

8. 一定要稳住，一定要有耐心，不要怕失去机会，宁愿错过，不能做错，错过了不亏钱，下次再找机会。

9. 要有耐心，做期货是越顺越顺，越不顺越不顺，所以每一次交易都不能轻率。

10.《大学》里有句话，“知止而后有定，定而后能静，静而后能安，安而后能虑，虑而后能得。”有些人理解不到位，我认为这句话的意思是：要有节奏，要有轻重缓急之分，要知道何时停止，知道停止才能把心静下来，心静才能安，心安定了才能考虑清楚，考虑清楚了才能获得。所以在乱七八糟的时候要赶紧停下来，必须找出问题，并且解决问题。在不太顺的时候，一定要静下心来，要及时止住。

11. 保持定力，不要看着这个涨了那个跌了就眼红，要像曾国藩打仗那样，“扎硬寨、打呆仗”，稳扎稳打。打仗，重点在于打一仗胜一仗，关键点不是有仗就打，而是打胜仗。打一个就缠住一个，以打胜为目的，让资金一点一点变多，时间长了，就能变成大资金，如果偶尔遇到一个大胜仗，资金就能大幅增长了。

12. 如果方向看不对，那就不要做。没看对，乱做，即便连续赚几年的钱，也可能一把亏回去。就怕哪天脑子糊涂了，做错了，不服气，还逆势加仓。

13. 开仓前多看少动，不要轻易开仓，一旦开仓以后，不要轻易平仓，但前提条件是要看对方向，看错了方向就算死扛着，那爆仓也是比较快的。

14. 进场后马上赚当然最好，但有些单子可能要时间长一点才赚钱，只要能赚钱就好。

15. 急于求成，着急上火，很容易亏钱。亏钱后急于翻本，后续很可能更亏。事实证明，越轻仓，越可能赚钱。

16. 大亏后，越想翻本越是危险，一定要稳住；大赚后，也要小心，不能胆大，不能浮躁。

17. 有些人总是着急，价格刚跌下来，就老想着抄底、抄底，可是有些行情跌下来之后，可能一两年后才能真正上涨。

18. 底部的时间长，可能低位盘整很久，顶部的时间短，可能就一两天。这就是所谓的“圆底尖顶”。

19. 大行情可能一年来两个，也可能两年来一个，大部分人没有足够的耐心等待大行情的来临，而大行情来临的时候，又有不少人不能果断行动。

20. 拿不准是正常的，只有在特定情况下才能拿得准，也只有在拿得准的时候，才能作为重点投资机会。

21. 不是天天狠，而是在确定性的大机会来的时候要狠，平时还是要少做。

22. 学做期货，上速成班，不靠谱。还是要多花时间，白蛇修炼了一千年才变成了白素贞。

23. 期货行情总有涨跌，但大部分涨跌无法确定，所以不能着急非要去做。不亏就是赚。

24. 不懂的，别乱做。宁愿不做，也不能做错。不懂，就会乱做品种，乱做方向。

25. 做期货，大部分时间要谨慎，只有极少数 100% 确定的时候可以大胆。没有行情，可以等啊！

26. 做期货不可能天天赚钱，要赚的是大机会带来的大钱。平时下功夫，几年赚一次大的就很好了。

27. 机会不用天天抓，甚至不用年年抓，几年抓住一个大机会，一辈子抓住一两个超级大机会，就够了。

28. 只做最有把握的机会，哪怕一年只做一次，收益率可能也不低，更何况这种机会一年还不止一次，可能有好多次。

29. 我以前为什么亏？“屁股后面夹了个火尾巴”，坐不住，总想动。所以说，开仓前要有耐心，开仓后也要有耐心。

30. 如果一个品种远月有升水，又无法确定是否马上能涨，就等待。

31. 做期货要过两个时间关：一是下单前要有耐心，等待时机的到来，千万别乱下单；二是下单后不要着急赚钱，只要进场价格合适，可以耗，最终还是你赢。过了这两关，10 个做期货的，有 7 个会赚钱。

32. 确定的行情，尽量不要丢掉手中的头寸。

33. 稳住，轻仓，少动，最后结果也不少赚。

34. 你可能看对长期方向，但短期内对手的力量更大，你还是可能被套住。

35. 方向又能看对，进场又能马上赚钱，这是最理想的，但很多时候达不到理想状态。

36. 有人套一天两天就受不了了，其实，如果确定自己是对的，套一个月两个月都不用怕。当然，信心不能是盲目的，首先要看对，理论和方法都要对。可怕的不是套住了，而是看错了。我们看的是结果，不是过程中的细节。

37. 只要理论和方法是正确的，就不要慌，不要套住了三天就受不了，当然前提是对产业真相了解清楚。有时候套住了反而高兴，因为套住的时间越长，现货矛盾就越大，未来的行情会越激烈。

38. 持仓的品种，不能着急赚钱，不要盼着天天涨。有时候，现在不涨，很多货物都在低价卖掉了。价格压得久了，后面反而涨得更多。

39. 做对了，要有“缠人”的精神，仓位轻一点，只要坚持不动，最终会胜利。

（三十一）心态、无我

1. 理念对了，认知到位了，方法对了，执行到位了，心态自然就好了。不能单独谈修心、修性、戒贪、戒躁，一定要把理念和认知放在前面。

2. 为什么心态不好？因为没有确定性。明知打不过对手，上场了，心态一定不好。

3. 冷静，淡定，都没有“看准”重要。

4. 对未来确定了，信心永远是足的，赚钱只是时间问题。

5. 拿着正确的单子，要和没拿单子的感觉一样。红了绿了，根本不用看，心里应该非常有数。

6. 正确的单子，有时拿不住，可能是感性战胜了理性。

7. 结果比过程重要，投资更看重结果，不要被过程中的行情波动干扰了内心。坚持对的，结果就是对的。

8. 别人看对了，自己看错了，千万不能反感，而要承认别人有本事，向他学习。

9. 赚钱了，尤其是连续赚钱的时候，可能会浮躁、狂妄，觉得自己无所不能，看见品种就重仓，或许一把就还回去。这就容易上上下下，始终突破不了。很多成功的交易者都经历过这个过程。

10. 有人说“不要有主观判断，要无我”。不分析、不判断，怎么知道市场往哪里走呢？“无我”不是做墙头草，“无为”不是什么都不干。**“无我”不是没有自我，不是没有主观判断，而是一切分析判断都要符合规律、符合事实，只是实事求是，而不凭空想象。实事求是就是“无我”的表现。**

11. 人用智慧去分析事实，顺着事实去办事，不是让外界适应自己，而是改变自己适应外界，这就是“无我”的体现。

12. “无我”是最高智慧，看清“道”之后，才能无我。看不清“道”，很难做到无我。

13. 凭自己想象，而不是依据事实，这就是“有我”的表现。

14. 自己不行，还觉得自己比别人强，这是“有我”的表现。

（三十二）人性的交易层面

1. 交易中所谓的人性问题，来源于对理念的认知不清，本质上是认知问题。

2. 人性是不变的，人性是趋同的，所有人都往一个方向的时候，要小心。大部分人贪婪、恐惧、看得短、在利益面前不讲理。以前是这样，以后也是这样。所以不管有多大的利益，我们都要讲理，实事求是才能分析正确。

3. 大部分人能看到事实，但对事实的评估不到位，这就很难得出正确的结论。

4. 老韭菜被割怕了，新韭菜又长大了，人性很难改变。

5. 人有时候是非理性的，不然就不需要法律法规了。在利益面前，人人会不同程度地失去理性。但用一套正确的方法，坚持做，就可以尽量保持理性。

6. “好了伤疤忘了疼”，这是人性，所以一定要理性投资，按一个真理去投资，而不是按一个人的性情去投资。

7. 在特定的情况下，市场情绪能算出来，情绪马上就会起爆。但这种情况很少。

8. 重大事实已经发生了，未来的趋势是不可逆的，但有些人还是会怀疑，这是人性使然。

9. 大部分人只想着自己的利益，只想自己好，不管别人的死活，这是糊涂的表现。大部分人错了，你对了，他们说你是逆势，其实你是顺势，他们才是逆势。

10. 一个事实能引起大的价格变化，一开始人们可能不信，当价格变化之后，人们就信了。大部分人总是慢半拍或慢一拍的。

11. 方法再好也有亏的时候，方法再差也有赚的时候，所以期货上互相不服很正常。

（三十三）风险控制

1. 做投资，要把风险因素都考虑清楚，才能持续生存下去。

2. **风险来自看错**，要想办法看对。看对了，风险控制就解决了，仓位管理就解决了，心态波动就解决了。

3. 看对是最好的风控。做股票，做期货，做实业，选人才，做管理，都是一样的，看对是首要的。

4. 期货投资有风险，现货经营也有风险，这一次商品大跌，有库存的现货商都亏了。(2020 年 3 月 26 日)

5. 对散户来说，对手真的很强大，所以做投资一定要处处小心、事事谨慎。必须要确保自己是对的，而且这个“对”最好是一个巨大的正确，而不是一个小正确，如此，才能胆大一些。

6. 风控，最大的前提是研究确定性。确定了，就没风险或风险很小了。

7. 做期货和股票，关键是确定性，把行情搞明白了，风险就小了，风险小了，风控就容易了。

8. 没有确定性时，胆子越小越好。

9. 主观上应该追求每单交易都 100% 确定，但客观上不一定能实现，因为人的能力是有限的。单子进去后，风险就来了，风险来自条件的变化，如果进场的条件没了或是反向大变，应该不管价格高低，马上平仓。

10. 如果一次赚了很多，并且后续没有确定性的机会，可以考虑出金，或者仓位很轻地去操作。仓位轻也有好处，当某个品种突然有机会时，账户有足够的资金去迅速捕捉行情。

11. 如果对自己的方法有信心，认为一定能持续赚钱，可以不出金。

12. 做期货要想办法迈大步，但迈大步的风险比较大，所以要找确定性，要找绝对安全的入场时机。

13. 想赚多，风险就增大，爬得越高，贪得越多，丢命的风险就越大。一般情况下，只要贪多，风险就会急剧增大。

14. 做一辈子投资，犯一次原则性错误，就可能完蛋。

15. 高安全边际进场，即便踩雷，踩的也是小雷。

16. 真正能应对行情回撤的方法，只能是“入场点好 + 仓位轻”。

17. 正确的单子，可以稍微提前一点走，确保赚到手。赚最后一段行情，风险可能比较大。

18. 我常考虑最差的情况，即使发生，也不能爆仓，这样更容易拿住正确的单子。

19. 谨慎了，可能赚不多，但赚一点也是赚，赚总比亏好。

（三十四）对手博弈

1. 期货是对手交易，双方博弈，你赚就必须我亏，我赚就必须你亏。

2. 期货是个战场，打仗怎么打的，期货就是怎么做的。

3. 做期货每次都赚，就相当于打仗天天换对手，还能每次都把对手战胜。这是非常非常难的。

4. 大行情，往往有对手犯大错。

5. 好的机会在于对手集体性犯错。所以做期货要交流，但不能过多交流，听别人的听多了，容易亏钱。也不可能谁都懂，谁都对了，那谁赚谁的钱呢？

6. 价格被打过头了，打过头了，就来机会了。

7. 行情波动大的时候，有些人会出现这种情况——“不做，感觉怎么做都发财，做了，怎么做都是亏”。

8. 不少人做期货，不下单，怎么看怎么赚，一下单，怎么做怎么亏。你不做和你做了，盘子是不一样的，你的想法可能代表大众，你的一手可能代表了很多手。

9. 有些行情，可能你不做进去的时候，看到的是金山银山，而一旦做进去就是陷阱。看着行情是一回事，真的做进去了，可能行情就不一样了。一段时间内，能做好一个方向就不错了，想要两边来回做，两边都赚，这太难了。看行情是你打靶，靶子不会打你，而做交易则是你打对手，对手也会打你，打靶时可能是神枪手，一上战场实战就不一样了。做模拟单容易盈利，做实盘容易亏损，因为模拟单的对手是死的，而实盘中的对手是活的。

10. 技术分析在模拟交易上能发财，模拟盘一个点位可以无限成交，而现实中是对手交易，实盘要有对手才能成交。

11. 不是庄家专门砸盘让你亏，而是你做错了。

12. 空头往下打，如果多头认输减仓，行情可能继续跌一段；如果多头大幅增仓，可能跌不下去。

13. 期货是对手交易，没有空头还不行，多头的单子成交不了。

14. 资金大了不能出大错，出了大错，单子想平仓不一定能出来，所以必须在研究上多下功夫。

15. 看着行情好像要向一个方向走，但拱着拱着老是拱不动，那么，行情反而可能反向走。

16. 多空分歧大的时候，可能增仓比较多。

17. 只要有行情，持仓一定会扩起来。

18. 市场总在矛盾和分歧中演进，想让所有人逻辑都清晰是不可能的，不然所有人都往一头去了。宇宙规律就是这样的。

19. 对手不动，你想动，你就被动了。

20. 期货交易，每天遇到的对手都有不同的地方，要找到一种方法，无论对手是谁，都要确保自己有相对优势。

21. 不管是谁买的、谁卖的，做对就赚，做错就亏。不用知道谁在买卖，而要知道如何正确买卖。

22. 现在的期货市场，懂行的越来越多，主力要来回洗盘比以前更困难了。

23. 博弈双方比的就是谁的水平更高，大家都在进步，就看谁进步更快。

24. 有时候“短期没有对错”，看对的遇到看错的，但看错的资金量是看对的几倍，那么短期来看，看对的会暂时亏钱。正确的理论会让你在长周期赚钱，短期的盈亏都是正常的。

25. 期货复杂就复杂在是对手交易，而交易远期合约比近期合约有更大的博弈成分。如果矛盾不突出，供求关系偏差不过大，价值不离谱，在这种情况下，在远期合约上博弈的力量就占主流。未来的矛盾大部分投资者是看不明白的，一段时间里看对的不一定能博弈过看错的，因为谁的力量大短期谁就会胜出。往往还是看错的胜，因为大部分人是错的，错的在一起就能暂时压制对的，因为短期他们的力量大。

26. 能赚钱的行情你做的“对得不能再对了”都不一定能赚到钱，要是做的不对结果可想而知。因为期货复杂无比，鱼龙混杂，各路大仙，各种想法，有钱的、有势的、有方法的，不同的对手碰撞在一起，会出现各种各样不同的走势，让人眼花缭乱，无所适从。只有保持定力，耐心到位，灵活运用，根据不同的实际变化情况，既死缠烂打，又要跑得快，顺从天道，最佳时间节点入场，控制好仓位，拉长时间，才有可能胜出。

27. 对手交易，你也要理解对手，你做多，对手做空，涨了，对手肯定难受。

28. 如果你的持仓是对的，那么你持仓不动，对你是有利的，而对对手则是不利的。

29. 只要持仓方向是对的，有时候交易所提高保证金可能更安全。

30. 我们的方法正确了，对我们的对手来说是致命的。

31. 如果散户的投资理念正确，交易方法得当，庄家是搞不过散户的。

32. 有时候，主力用老办法割韭菜割不动了，韭菜在进化，镰刀在钝化，镰刀变韭菜，韭菜变镰刀。

33. 现在期货市场是专业投资者之间的博弈，散户资金占市场的比例越来越低。

34. 大幅高开，一路减仓低走，可能是多头主力在出货；大幅低开，一路减仓高走，可能是空头主力在出货。

35. 大家都一边看多了，价格在高位，有时行情会突然跌停。原因可能是主力洗盘、可能是大户出货、可能是重大消息等。要懂得分辨和应对。

36. 只要有利益存在，就无法绝对公平，这是人性所致。一个市场有各种势力，这是正常的。我们要做的就是在这样的复杂市场中想办法赚钱，不能有任何抱怨。

37. 期货本身就是一个利益场所，不可能完全公平。

38. 金融市场有光明的一面，也有阴暗的一面，个人投资者一定要处处小心，时时谨慎。

39. 做期货亏钱，不找自己的问题，老想着举报，自己得不到成长。要明白：谁也不敢长期逆势，谁也操纵不了大行情。

（三十五）股市

1. 股市还是要为实体经济服务的。2014 年下半年到 2015 年上半年的股市上涨，没有解决实体企业缺钱的问题，所以不可持续；如果股市涨，企业容易获得钱，生产更多商品，利润上升，股市就能继续涨。

2. 证监会打击爆炒垃圾股，是对的。钱应该流到实体经济，流到创造财富更有效的企业而不是投机味偏重的企业。

3. 中国股市的主要功能是给企业找钱，投资只是次要功能。

4. 中国股市更多是为企业融资的，更多解决的是上市企业的资金需求，而不是参与股市的股民的盈利需求。

5. 中国股市较大的问题是给股民的分红太少。如果不分红、少分红，把利润用于生产创造、技术革新，也是好的，因为这有利于财富的创造。就怕上市公司不分红、少分红是另有所图。

6. 股票价格是情绪驱动的，只是导致情绪变化的是相关政策、事件、企业盈亏等。

7. 股票的成本是净资产，大部分股票低于净资产，股市跌不动，大部分股票高于净资产，就要看企业利润增长是否加快和货币政策是否宽松。

8. 市盈率低的，行业好的，分红多的，最好净资产打折的，这些股票有价值。

9. 如果我买股票，首先考虑银行股。便宜、稳定、分红高，银行股很有价值。中国的银行，没有问题。

10. 巴菲特最关键的一招就是：逢低买，长线拿。对他来说，股灾是买入机会。

11. 买个股票踩雷了，是因为老想着好事，买个低估的安全的银行股，就不会踩雷。

12. 商品的供求逻辑比股票强，股票市盈率可以是 5 倍，也可以是 50 倍，把握度比商品难一些。

13. 商品的价格和价值即便有偏差，偏差也不会过度。股票则不同，有时候偏差会非常大，5 倍的市盈率可以，200 倍的市盈率也可以，很难把握。

14. 我做商品期货为主，股指期货偶尔做做，股票现在基本不做。股票靠想象，期货有实物，期货的价格不会偏离太多，比较好定位，若不加杠杆，股票的风险远大于期货。（2019 年 8 月）

15. 股民没赚钱的原因，一是手续费；二是入场点不对，交易方法不正确；三是投资思路有问题，逻辑混乱，理念不清晰，不认真理。这三点一改变，炒股就能赚钱。

16. 股票交易是数字对数字，钱都在银行，这些钱照样在支持实体经济的发展。股市创造货币，流通股就像活期存款，非流通股就像定期存款。

17. 股票交易，没有占压资金，买卖的是筹码，参与股市的资金都存在银行，银行还是在贷款给实体企业。

18. 充裕的货币政策，对股市利多。

19. 现在中央的各类政策对经济是利好，长期来看，股市应向好了看。（2018 年 12 月 23 日）

20. 2019 年可能阶段性进入傻瓜行情，某些时候，或许遍地是股神、期神。（2019 年 2 月底）

21. 股票暂时不敢做，造假的太多，对造假的处罚又太轻。（2019 年 7 月）

（三十六）期权

1. 做期权买方，如果要方向对了、幅度对了、时间对了才能赚钱，那么既然看得这么准，重仓做期货可能赚更多。

2. 期权不如期货好，做期权更容易吃亏。对普通人来说，做期权亏钱的概率比做期货高。

3. 期权要把握好三点一线才能赚钱：方向准，幅度准，时间准。

第二部分

经济和经济学

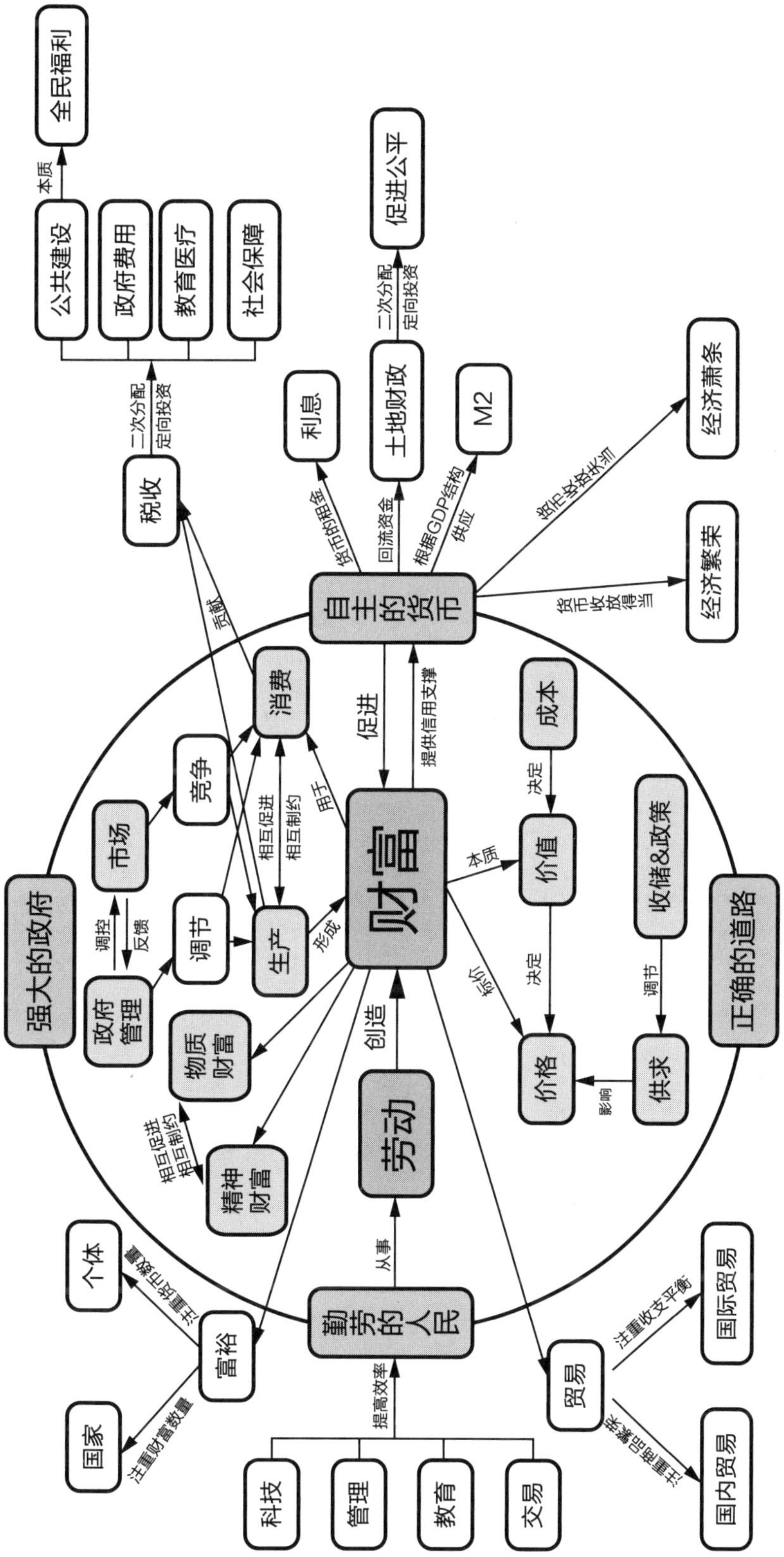
全民福利
本质
公共建设
政府费用
教育医疗
社会保障
二次分配
定向投资
税收
促进公平
二次分配
定向投资
利息
土地财政
M2
货币的租金
回流资金
根据GDP结构
供应
经济萧条
货币收放失当
经济繁荣
货币收放得当
自主的货币
贡献
消费
竞争
市场
强大的政府
调控
反馈
调节
政府管理
生产
相互促进
相互制约
用于
促进
提供信用支撑
财富
形成
成本
决定
价值
本质
收储&政策
正确的道路
标价
决定
调节
物质财富
精神财富
相互促进
相互制约
创造
劳动
价格
影响
供求
从事
个体
注重货币数量
富裕
勤劳的人民
国家
注重财富数量
提高效率
科技
管理
教育
交易
贸易
注重收支平衡
国际贸易
国内贸易

（一）什么是经济、什么是经济学、什么是市场

1. 从分工生产到交换消费的综合过程，就是经济。经济学就是为发展经济服务的学问。

2. 组织劳动生产财富（包括物质财富、精神财富），然后交换财富的过程谓之经济。研究和促进保证生产劳动秩序运转正常，发现问题并解决问题，谓之经济学。用正确的思维方式，辩证看待经济现象，着眼当下，放眼未来，实事求是解决经济问题。经济学不是科学，更不是数学，没有严格意义上的公式，没有事先假设的条条框框。经济学一定意义上是一门管理学、一门哲学。

3. 经济发展很简单，财富的创造促进了，经济就发展了。

4. 经济学就是要解决生产和消费不协调的问题。经济发展，无非就是衣食住行的不断升级，提高人民生活水平。

5. 如果弄清了经济发展本质，对经济的理解，就像水一样透明，一眼就能看清楚。

6. 我们生活的方方面面，离不开经济学，经济学不只对国家、企业有用，对每个人都有用。

7. 不管是生活、劳动、消费、投资，都和经济学有关，所以要了解正确的经济学。

8. 经济现象是立体的，不能只从一个点上去看问题，也不能只从一个面上去看问题，整个体系是联动的。

9. 社会上的一件事，往往和很多事都连着，是体系中的一个环节或一个点，需要从整体的角度去衡量、考虑和解决问题。比如债务、收入差距、企业亏损、公共建设不盈利等，都不能单独来看。

10. 经济是一个大而杂的系统，必须有效管理，才能良好运行。

11. 经济学是国家的生意经，是国家和社会经营方式的研究和执行。家

庭的经营方式需要研究，企业的经营方式需要研究，国家的经营方式更需要研究。

12. 经济学本身就是人文科学，而不是自然科学。

13. 中国政府实践中得出的经济学，才是符合规律的经济学。

14. 经济学本来应该是一个系统，但有人说东、有人说西，有人研究宏观、有人研究微观，还有人专门研究人性，相互之间好像冲突挺大。实际上，正确的经济学能成体系地解决所有经济问题。

15. 市场经济是国家管理经济的一种手段和方法，名曰市场经济。市场经济，不是说全部放任自流，国家不能管。不管是市场经济，还是计划经济，都是国家管理经济的模式之一，只是管理的手段和方法不同。经济是政治之下的产物，国家是凌驾于市场之上的，政府要对群居的人进行管理，市场是管理过程中衍生出来的。凡是群居型的，不管是人类还是动物，都需要管理。原本分散的，一旦结群，就需要管理，比如鸟类在迁徙时就会有领头鸟管理鸟群。宇宙的规律就是这样的。

16. 什么是市场？市场就是整个财富生产和交换的体系。（所谓的农贸市场、股票市场等都只是市场这个体系中具体而微的组成部分。）

17. 市场这个体系的建立，是政府规划的。

18. 市场这个体系的制度，是政府制定的。

19. 市场这个体系的完善，是政府推进的。

20. 市场这个体系的有效运行，是靠政府监督、指导、组织和调控的。

21. 市场这个体系的效率，是政府管理出来的。

22. 市场这个体系的维护，是靠政府完成的。

23. 中国特色的市场经济是政府有效管理下的市场经济。

24. 加强宏观调控和管理，也是市场经济，政府调控和管理本来就是经济运行的必要组成部分。

25. 我们需要的市场化，是在国家管理和调控之下的市场化。

（二）研究经济和经济学的目的

1. 考虑经济问题的逻辑是“发展”，即最大的逻辑应是：是否有利于财富的良性创造和发展。人类作为一个群体，其所做的一切，目的都是为了发展得更好。从经济层面来讲，凡是有利于国家和人民高效、稳定、安全、快速地良性发展的，就是好的；凡是限制发展，破坏发展，导致倒退的，都是不好的（1992 年邓小平南方谈话中曾提出“发展才是硬道理”）。用这样的逻辑去分析、判断和推演经济行为和现象，几乎任何人都能理解，不需要高学历，只要按照逻辑去推演，就能得到合理的结论和预判。希望更多的人能搞懂经济学，搞懂财富的创造和分配，从而更好地工作、生活和投资。

2. 正确的经济学，上下逻辑应是一以贯之的，不能说一个逻辑可以用在这里，而不能用在那里，可以解释 A 却解释不了 B，比如可以解释养猪也能解释盖房子。一个大的经济逻辑应能解释和评判一切经济现象，不能有双重或多重标准。

3. 正确的经济学，中心思想就是：高效、稳定、安全、快速地良性发展和财富创造，一切措施都为这个中心思想服务，不能跑题。

4. 正确的经济学，可以让国家经济很快就发展起来，并且可以持续繁荣，没有明显的兴衰周期。

5. 做经济研究，不能太细，也不能不细，大数一定要对，小数可以左右。

6. 当下，西方传统的经济学越来越难解释和解决经济问题。我们要多思考、多研究、多实践，实事求是，符合逻辑，吃饱、穿暖、住好，是政府对百姓的第一要义，也是经济发展的重要目的。

7. 研究经济学的目的之一是让人更好地处理货币和物质的关系，促进财富生产。

8. 以前三年一小灾，六年一大灾，现在连续高产稳产，这是农学起到了作用，经济学也要如此。

9. “到周期了，经济该坏了”，那要经济学何用？经济学就是要想办法让经济平稳、快速、健康发展，而不是让它“该坏了”。

10. 不要老说经济危机要来了，经济周期到了要萧条了，而要想办法解决问题。经济学家就像医生，发现病情要能把病治好才是好医生，而不是发现病之后让病人自生自灭。

11. 得了病，不应该让病人自生自灭，而应治病。自由经济倡导自由竞争、自生自灭，明显是有问题的。政府应当发挥规划和调节经济的作用。

12. 经济学和医学一样，讲究辨证施治。

13. 对经济到底是干预好还是不干预好？如果是不干预好，为什么美联储老是要干预？特朗普也老是要干预？如果是干预好，那就研究如何干预会更好。

14. 希望我对经济学的理解和观点，可以让朋友们正确理解国家政策和世界风云变幻，指导生活和投资，获得更多的财富和快乐。

（三）西方经济学的谬误和漏洞

1. 教科书上各类经济学理论很多，有些理论也是对的、好的，但写清楚具体怎么分析、怎么判断、怎么实施的很少。往往不是学生不接地气，而是教科书有所欠缺。

2. 不学经济学，反而可能懂经济，学了教科书的经济学，肯定不懂经济。没有那些所谓的经济学家，我们的生活会更幸福。

3. 西方传统经济学不符合实际情况，而是虚无地搞了一套理论，但很多人认为这是真理。人都有智慧，只是大部分人被误导了。

4. 误人误己误国的学说，信的人越多，危害越大。

5. 西方经济学对经济的破坏非常大。越是经济学专业毕业的，可能越不懂经济。

6. “长胳膊拉不住短命鬼”，有些人的错误思想是拉不回来的。

7. 世上什么最难，改变思想最难。要某些人改思想，不好改。从小接触和学习错误的经济学思想，根深蒂固。只要不推翻自己，就无法真正接受真理。

8. 西方经济学可能还要毒害世界很多年，因为人们受西方经济学的洗脑，根深蒂固的偏执很难改变。对人类危害最大的东西之一，就是西方传统经济学。

9. 西方经济学真是害人，不止害人，还害国家。怎么能只靠市场的力量？一个社会没有管理，怎么能良好运行？法律、规则、警察等都是社会良好运行的基础。只靠市场不靠管理，那就乱成一锅粥了。

10. 这一代人用错误的经济学受损了，但是如果找不到正确的经济学，下一代人还要再次受损。

11. 西方经济学经常和现实中的经济现象对不上号，这说明西方经济学明显有漏洞。

12. **西方经济学不是说符合富人还是穷人、富国还是穷国，它是不正确的，不适合任何人、任何国家。**中国正在实践的这一套经济发展模式，才是符合人类发展、社会进步的运行模式，才是符合社会本质的经济学。

13. 东方理论还是西方理论不重要，重要的是对不对。理论脱离实际，就是错的。理论能指导实践，才是对的。经过时间和实践检验，许多西方经济学的公式是错的，比如菲利普斯曲线。拿着错误的理论和公式去推导现实，得出的结论肯定是错的。但“错误的”在较多时候符合人性，所以错误的往往会盛行。比如一些不劳而获的方法，很多人去追求，但这肯定是错的。真理较多时候不符合人性，所以很多人难以理解和接受真理。

14. 西方经济学的某些原理和方法论，不相信真理这么简单，总想着搞复杂，不是把简单的东西搞复杂了，而是把正确的搞错了。如果是对的，复杂一点也能解决问题；如果是错的，永远到不了目的地。（从上海出发，要去北京，如果往东走，绕地球几圈都到不了北京。）

15. 有些经济学家喜欢把简单的问题复杂化，只是学了一肚子没有用的洋墨水，却来指点中国的江山。（如果学点有用的西方技术，倒是可以拿来学习借鉴。）

16. 西方的经济学理论，重在总结归纳，可能会有这样的问题：现在必须符合过去，中国必须符合西方。这是机械的思路，肯定是不对的。分析的对象不同，结论必然不同，不同的过去必然演绎出不同的未来，中国必然不同于美国。我们要进行经济推演，必须符合逻辑，应根据实际情况，通盘考虑，做好当下，放眼未来。

17. 西方的经济学很大的一个问题是：没有解决如何促进生产、如何协调消费。

18. 经济数据好，就加息，这是西方经济学的误区。如果物价上升了，应该促进生产，而不是加息。

19. 我们不能给自己设一个又一个的框把自己框住，不能因为担心生病而不吃饭。飞机在正常飞，不用担心它掉下来。

20. 社会稳定、经济发展、人民生活水平提高，这是最重要的。西方经济学似乎很少以这些为目的。

21. 西方经济学不是说适合不适合哪个国家，而是较多方面真的不对。讲微观方面，西方经济学可能还有点用，在宏观方面则基本上没用。可以说西方经济学的核心原理是错的，一些局部和细节是对的。这就像一个需要很多步骤的逻辑推理或科学计算，只是做对了其中几个步骤，整体上是推导不出正确的结果的。

22. 如果医生有问题，不但病治不好，还会把病搞得更严重。2008 年全球经济本身没有问题，是经济学有问题，才把经济搞坏了。中国的 4 万亿总体上是好的。

23. 西方经济学反政府，甚至提倡无政府，这是极其错误的。无政府、小政府，只会带来经济动乱和社会动乱。

24. 应该倡导一种有利于发展的治国方式。老是骂政府，不讲实际情况的经济学家，我是不赞同的。看到好的，要表扬，总结，进一步提高；看到不好的，要指出，并给出如何改善的建议。

25. 为什么有人老爱挑毛病，很有可能是他自己解决不了问题。比如某些经济学家老是挑政府的“毛病”。

26. 苏联休克疗法的失败，证明了放任自流的市场化是行不通的。不受管理和约束的市场经济，容易产生经济危机，合理的调控管理，有利于避免经济危机。放任自流的市场化，会让社会变成丛林法则，最终人民受害，寡头受益。

27. 西方经济学说的“不破不立”，是一种野蛮行为。按照西方主流经济学理论，治家误家，治国误国。经济不好，还不让政府出手管，让它自生自灭，怎么行呢？

28. 西方经济学理论最有问题的地方，就是倡导小政府大市场，忽视或不够重视政府协调管理的作用。只有国家安定了，只有国家去规划、管理、协调，才能让一个系统成体系，才能达到高效发展，才能真正公平和利国利民。

29. 如果市场能很好地自我出清、自我调节，那就不需要经济学。如果真的让市场自我出清、自我调节，经济一定会出现很多问题。

30. 公司如果没有董事长和总经理统筹全局，各部门各管各的，肯定会出问题。

31. 经济的调控是很难量化的，就像驾驶员开车，需要手握方向盘灵活调节才能快速、安全地到达目的地。经济学是活的，理解成死的，定义成固化的，搞成完全量化，是不可能的。

32. 世界上不存在理想状态，但主流经济学的某些假设是理想状态。

33. 西方的经济学，往往以假设为前提，但假设的状况往往与事实不相符，如果按照这样的假设往下推演，就会有明显的漏洞。比如假设人都是理性的，假设市场信息是公开透明的，这样的假设本身就是有问题的。

34. 经济学是系统的管理学。西方经济学的较多理论是从细节出发的，而不是从整体出发的，不是用系统的方法去解决问题，而是研究鼻子的时候不管耳朵和眼睛的问题。

35. 用西方传统经济学看中国经济的发展，是看不懂的。这说明，西方传统经济学是有问题的。我不刻意批判西方传统经济学，它本来就不对。

36. 我宁愿相信补轮胎的，也不相信经济学家。千万不要相信经济学家，因为他们真的不懂。

37. 西方传统经济学家的预测，一次又一次错误，他们自己也开始怀疑自己了。

38. 为什么多年来不少经济学家预测房价要崩盘，但房价却节节走高，这是值得反思的。幸好没有房价期货，不然那些看空的经济学家，都爆仓好几次了。

39. 北京、上海市区的房价在 5000 元 / 平方米的时候，就有经济学家开始喊泡沫，喊房价要崩盘，喊着喊着价格到 1 万，到 2 万，到 3 万，到 5 万……到 10 万了。如果上海的房子不限购，可能还要涨。

40. 老是说经济危机、需求崩溃、房价大跌的人，危机还没来，自己就把自己吓坏了。

41. 如果事实总是和预期不符，说明方法是错误的，西方传统经济学就是错误的方法。

42. 为什么经济学家的预测一错再错？因为他们不懂经济运行的本质。经济的起伏，主要受货币政策的影响。

43. 一些预测拐点的周期理论，如果是真理，那么用这些理论的人早都发大财了。真假一眼就能辨，用事实说话即可。

44. 有经济学家说菲利普斯曲线是真理，如果它是真理，就不会失效。既然失效了，就不是真理，而是假理。

45. 得诺贝尔经济学奖的经济学家，做投资似乎都是亏的，这说明他们的理论有问题，不好使。

46. 好像用西方经济学理论的传统经济学家，除了会周期、会悲观之外，就不懂其他的了。他们只会指出不是问题的问题，而给不出如何解决问题的方法。只说周期到了，你要得大病了，但怎么治病不知道。

47. 对经济悲观的人认为，“上半年好，下半年不会好”，到了下半年，看到经济没问题，又说“下半年好，明年上半年不会好”。总之，现实一直是好的，而他们则一直悲观下去。这叫看不清事实。

48. 宏观经济学家对周期论、老龄化论、泡沫论等喊了很多年，始终是错的。现在，他们终于改过来一点了。（2020 年 3 月 17 日）

49. 现在各国政府调控经济的水平和能力提高了很多，只是有些经济学家的水平没跟上。（2020 年 3 月 17 日）

50. 不少人对中国悲观，就是因为他们学的经济学有问题。

51. 2008 年底、2015 年底、2018 年底，几乎所有的经济学家的预测都是错的，都是悲观的，而我是乐观的。

52. 经济学家发明的数学公式为什么在经济学预测中经常失效，因为经济是动态变化的，应根据实际情况针对性解决问题，可能每次的措施都有所不同，没有统一的公式，而目的只有一个：经济快速、稳定、高效发展。

53. 有人用公式、建模等预测经济，得出的结论往往是“精确的错误”。

54. 这么多经济学家做投资都不赚钱，为什么？因为他们研究的经济学有问题。如果经济研究得好，就能准确预测经济走势，就能规避风险，把握机会。

55. 很多人，包括一些知名的专家学者，总是在用错误的经济学得出错误的观点，但在强大的事实面前，有一部分人也终于慢慢转过来了。

56. 特朗普是反思西方政治经济体制的典型，他是质疑西方经济学理论的摇旗手，他的一些做法和说法成了迷信西方经济学人士的“黑天鹅”。

57. 有些国家的政府治理经济，就像在黑暗中不断撞墙，总在不断受伤后才去改变，他们没有不撞墙、少撞墙的方法。以前，西方世界看不到自己错在哪里，怎么可能走到正确的路上。

58. 西方政治和经济体系有问题，但一直没有人成体系地提出来它的问题，因为以前没有国家比美国发展得更好，但现在大家发现中国发展比美国好，比任何一个国家都好，就会有越来越多的人质疑西方的模式，认同和学习中国的模式。

（四）西方经济学一些错误的概念

1. 刺激——根据经济运行情况进行调节，经济差的时候用一些正常的手段促进生产和消费，这是为了解决问题，不能理解为刺激。凯恩斯是个相对明白的经济学家，但他说的“刺激”一词用词不当，应该是“对症下药，解决问题”，而不是刺激。就像生病了去治病，那不是刺激，而是为了实现健康的正常措施。

2. 泡沫——比如所谓的房地产泡沫，价格可能存在泡沫，但房子本身不存在泡沫，多建房子，财富多了是好事，不是泡沫。某些专家一直说房子开工太多，空置太多，有泡沫，而事实证明房子不够。经济学上的“泡沫”一词，害人不浅，其实，物质生产没有泡沫。

3. 滞胀——就是停滞性通货膨胀，在经济学中，特指经济停滞、失业及通货膨胀同时持续高涨的经济现象。通俗地说就是指物价上升，但经济停滞不前。有人认为滞胀是通货膨胀长期发展的结果，所以特别担心和提防通胀。财富生产量、财富创造效率没有提高甚至下降，物价反而上涨，这是滞胀。但如果物价上涨的同时，财富总量是提升的，财富生产效率是提升的，只要物价上涨在可控范围内，就是可以接受的。另外，如果今年物价略有上涨了，哪怕生产量和去年持平，也不要紧，因为价格的上涨会促进企业生产，明年后年生产量上去了也是好事。物价温和上涨，企业利润逐步增多，财富生产量和创造效率逐步提高，这种类型的温和通胀不用担心。

4.“老龄化”阻碍经济发展、中国“人口红利”消失——科技的进步，劳动效率的提高，会使得财富创造更多更快更好。割稻从镰刀变成了割稻机，挖土从铁锹变成了挖掘机，纺织有纺织机，出行有高铁地铁，整个社会的技术进步非常快，劳动效率的提升非常高，并且还有很大的发展空间，由此解放出来的劳动力和劳动时间极其巨大。中国目前仍有人口红利，并且还拥有制度红利、技术红利、效率红利。老龄化不是一天就变老的，而是一个相对漫长的过程。再说，老龄化不一定阻碍经济的发展，很多人到了 60 岁退休年龄都不想退休，想要继续工作。科技在进步，很多工作老年人都可以做、也愿意做。不用过度担心老龄化的负面影响。在这个过程中，我们就把问题解决了。

5. 中国会陷入“中等收入陷阱”——所谓的“中等收入陷阱”，主要原因应该是社会的生产动力小了、人民和政府变得安逸了，如果让社会适度通胀，并且把钱流向生产和消费环节，进一步实现生产和消费的更新换代，就能走出陷阱。不管是穷国、中等收入国、富国，一国出现了较大的问题，并且没有较好地解决或缓解，才会进入陷阱。任何一个国家都会遇到问题，不是中等收入国家才会遇到问题。问题解决了，就能保持发展，是否陷入陷阱和“中等收入”没有太多必然联系。

6. 中国有“债务危机”——有人认为地方政府债、企业债、个人债，可能导致银行坏账，然后引发债务危机。实际上，债权和债务只要在一个体系内，只要财富创造在持续，就不会有大问题。政府债务多，人民腰包鼓：政府花钱搞建设，建设好了人民免费用或低价用，又省钱又提高赚钱效率。银行有一点坏账，因为企业亏了，企业亏了就是商品价格卖便宜了，相当于让利给了消费者，消费者省下的钱多了，又可以消费其他商品和服务或买房，总体经济环境不会变差甚至会变得更好。家庭欠债买房，房价高了低了都只是表面盈亏，房子建设了财富就增加了，房子买到了，财富就拥有和享用了，只要买了房的人在持续劳动还贷款就行。政府先负债，让企业和劳动者赚更多，就业更充分，财富创造更多，消费更旺盛，社会的综合效应远高于那点债务。另外，货币只要是自主的，最终任何一笔债务都只是一个数字而已，可以用来对冲和处理这个数字的办法有很多。但欠债如果欠到体系外，就容易出问题，比如欠别国很多美元，但本国拥有多少美元不是自己说了算的，也不能凭空产生、灵活增减。只有美国欠别国美元没有这方面的问题，因为美元是它自己说了算的。次贷危机完全可以不发生，债务本来不应成为危机。让欠债的劳动，生产财富，慢慢就能解决问题。债务是数字问题，凡是标数字产生的问题，都能解决或缓解，但如果是财富生产出了问题，又没有较好解决，那就容易引发大问题。

7. 增发货币就会“汇率不保”——一国货币汇率高低的核心支撑是该国的生产能力和财富存量。有人认为增发货币就保不住汇率。虽然增发了货币，如果生产能力跟上，财富存量增加比例比货币增发比例还大，汇率不容易下降，反而可能上升。而不增发货币，如果生产能力下降，财富存量变少，汇率则容易下降。汇率保不住的关键不是货币增发多少，而是生产的衰退和财富创造的减少。我们一直说的经济“保增长”，理解为保生产、保财富创造会更形象。

8. 不应“注水”——地旱了浇水，是必需的干预，是对症下药解决问题。降息促进生产和消费是好事，把货币宽松叫“注水”“放水”不妥当，应该叫释放流动性。

9. “过剩”不好——可以储存的财富，多一些也不能简单叫作过剩。应淘汰质量差的、污染严重的，支持和鼓励质量好的、环保的多生产财富。

10. 经济衰退不可避免——除去战争和自然灾害，衰退和萧条的主要原因是政策不恰当的通货紧缩引发的，是人为造成的。只要政策妥当，执行恰当，衰退和萧条就能避免。

11. 贸易商无用——有人认为应该全面倡导生产商直接到用户的模式，去除贸易商的环节。他们忽视了贸易商的作用，个别行业也许可以用这样的模式，但大部分行业还是需要贸易商的。贸易商就像是蓄水池。贸易商有一定的库存，可以缓解上下游的供求矛盾，减少商品短时间暴涨暴跌的可能。

（五）东方经济学和西方经济学的不同

1. 东方的理论也好，西方的理论也罢，最重要的是追求真理，要对人民有好处。

2. 东方经济学源于中国五千年的文化和智慧；东方经济学源于中国几十年经济发展的实践总结；东方经济学是源于中华文化、源于中国经济实践的哲学和管理学。

3. **东方经济学理论的总结来自中国古人的实践、中国现代社会的实践。**古代的管仲、范蠡理解和运用了东方经济学的原理，获得了商业上的巨大成功。

4. 管仲的经济学是正确的经济学，他对货币的理解非常到位，可以说和真理一微米都不差。中国人研究经济学，与其去学亚当•斯密，还不如学管仲。

5. 管仲的经济学，可以说是“国家经济学”。

6. 最符合经济发展的正确的经济学，是中国改革开放实践中不断完善的经济学。

7. 真正的经济学在中国！我们要回归东方经济学来看经济，才能看得准。

8. 东方经济学是有效管理的经济学，西方经济学是放任自流的经济学。

9. 东方经济学是对中国政府管理经济的理念和方法的系统性总结和成体系的论述，如果东方经济学好，那也是中国政府的经济理念和措施好。

10. 东方经济学不只是适合中国，也适合全世界。正确的，对谁都适合；错误的，对谁都不适合。

11. 西方传统经济学经常和实际情况对不上号。预测和实际情况相符，才能说这样的经济学理论是正确的。

12. 数学模型可以应对死的东西，但经济学是活的。活的东西，要用管理学，不能用数学去量化。

13. 东方经济学和西方经济学的主要差别可归纳如下：

①西方经济学以假设为前提；东方经济学以事实为依据。

②西方经济学一般以个体为出发点；东方经济学注重全局和系统，东方经济学兼顾群体和个体。

③西方经济学主要研究现象；东方经济学既研究现象，也研究本质。（比如经济周期是现象，货币收放是本质）

④西方经济学崇尚放任自流；东方经济学倡导政府管理下的自由竞争。

⑤西方经济学处理不好宏观，而在处理微观方面，则有时能处理好，有时处理不好；东方经济学宏观和微观都能处理好。

⑥西方经济学是定量经济学；东方经济学首先是定性经济学，其次是定量经济学。定性能解决内在本质问题，定量能处理外在细节问题。

⑦西方经济学追求公式化、模型化、周期性；东方经济学追求在事实的变化中针对性解决问题，追求持续性。公式不一定是真理，事实才是真理。

（六）政府管理

1. 宇宙的规律是保持平衡，人类的需求是持续发展，两者有矛盾，所以不能放任自流，而需要主动管理和调节。

2. 经济结果是政策导致的，这才是最大的经济规律。

3. 老天掌控的，要去调节，不太好办。人掌控的，想要调节，简单。

4. 经济由国家主导，中央的经济政策会迅速见效，不用怀疑。

5. 国家一出手，你看看是政府说了算，还是周期说了算。方向盘在司机手里，当然是政府说了算。

6. 发展或不发展，在于决策者，在于制度，在于执行，关键是人，而不是所谓的各种经济学规律。

7. 我宁愿相信政府，也不相信哪些所谓的经济学规律。政府是司机，车怎么开，司机说了算。

8. 车往哪儿走，不是车说了算，而是司机说了算的。经济自己好不了，政府的有效管理，才会让经济好。

9. 政府每次政策调控都会明说，但很多人视而不见。

10. 政府管理市场的目的之一，就是把阻碍经济发展、企业生产的不利因素拔除，就像把庄稼地里的杂草拔掉一样。

11. 即使劳动者想干活，若没有好的奖惩机制、引导方向，没有劳动的场所和工具，也不行。车想跑得快，但路况不好就跑不动，只有修了高速公路，才能充分发挥车的能力，让它跑得快、效率高。国家的规划和协调，就是为了让社会更高效、更公平。

12. 一艘船在航行时，一定要有船长和舵手，不然一会儿东南风，一会儿西北风，船就到不了目的地。政府就是经济这艘大船的船长和舵手。

13. “火车跑得快，全靠车头带”，政府的有效管理对整个社会的促进非常大。一片田地产量高不高，取决于种田人的田间管理水平；一个家庭好不好，取决于家长的能力；一个企业好不好，取决于管理者的能力；一个国家好不好，取决于领导者的能力。

14. 企业家管理企业，政府管理企业家。一个企业的好坏在于企业家的管理水平，一个行业的好坏在于政府的管理水平。

15. 一个企业没有董事长、总经理、部门经理的管理，效益马上就下降。国家也是如此。管理就是要根据实际情况去调节，没问题就少管理，有问题就针对性加强管理。

16. 如果董事会、经营层左右不了公司的发展战略和市场经营，全靠员工自发、民主地劳动，企业很可能办不好，国家也是如此。有效管理，才能出效率。

17. 中国经济发展得这么好，是邓小平这位总设计师设计出来的；阿里巴巴企业发展的这么好，是马云设计出来的。经济自己不会自动变好，企业也不会自动变好。我们国家发展这么好，是政府的功劳；就像阿里巴巴发展的好，是马云的功劳；一个家庭发展的好，是家长的功劳。

18. 法治为主，人治为辅，这是比较合适的。因为实际情况很复杂，“法”没有“人”灵活，“法”也有照顾不到的地方。

19. 我们要敢于打破西方至上的迷信思维。如果真的按西方经济学的理论，按某些经济学家的观点，中国的经济早就不行了甚至崩盘了，而实际上我们的经济越来越好了，这说明西方的经济学不能很好解释中国，也不能很好指导中国经济的发展。我们应当实事求是，面对问题，解决问题，少争论，多创造，用自己的方法处理自己的问题。

20. 经济发展的过程，就是不断解决问题的过程。不要怕问题，也不要怕解决老问题可能带来的新问题。不解决问题才会引发大问题。政府协调管理，就是在解决问题。

21. 国家规划、引导和推进财富创造的综合效应最大，综合效率最高，人民的受益最多。一个企业或一个人想劳动创造，若外部不配合或配合度较低，效率必然是低的，只有整个社会在一条正确的道路上，才能互相配合、互相促进、共振提高。我国大型的工业规划，基本上都是国家推动的。

22. 一开始还有人担心高铁的投入太多了，担心高铁没人坐、空跑，甚至还调侃说“京沪高铁就是来回运凳子”。现在事实证明高铁的高标准、有备份的建设思路是正确的，而且目前还在大量建设中。其实，政府规划就应该是去规划超前的事（当然是合理超前，而不是无限超前）。先种梧桐树，再引金凤凰，就是要先投入再产出。因为高铁事业受益的是整个社会，所以国家来出资更好。国民坐高铁节约的时间，提升的效率，日积月累后，其产出一定远大于高铁的投入。

23. 提高效率，是政府和企业的重要工作。如果排队的人多，耽误大家的时间，要么增加窗口，要么减少环节，要么技术创新加快速度。排队也好、堵车也好，损耗的显性财富不少，损耗的隐性财富更多，浪费是巨大的，需要重点考虑、重点解决。各个领域效率的提高，还有很大的文章可以做，需要政府主动管理和调节。

24. **管理出效率，管理是经济发展的纲。**经济活动最大的管理者是政府，管理是纲，市场是目，纲举则目张。

25. 要记住，没有管理，就没有效率。发展经济，既要政府，也要市场；既要管理，也要竞争。

26. 政府在经济调节中有重要作用。整个经济体系就像一根链条，一个个链节就像是经济体系中的各个环节和行业。一个链节出了问题会影响整根链条，小问题还好，若是大问题，可能会导致整根链条功能的无法正常发挥。如果完全市场化，让企业自由竞争，让行业自生自灭，容易造成一个环节出大问题，出了大问题还要用自由经济做幌子不让政府干预，结果就很可能使整个经济、整个社会出较大的问题。中国之所以发展快，源于国家的统筹管理、政府的有效协调促进了经济的高效发展。西方国家或弱政府的国家，政府不愿意管理，或者没有统筹能力又协调不力，发展慢是正常的。

27. 经济危机了，如果政府有效救市，钢产量可能从5亿吨增加到8亿吨，大量企业利润提高，大量劳动者收入提高，促进了生产和消费；如果不救市或救市方式不得当，钢产量可能从5亿吨减少到2亿吨，大量企业利润减少、亏损、破产，大量劳动者收入减少、失业，生产和消费越来越低迷。一种结果是更多的高楼大厦和商品、服务，另一种结果是房子不够还没人愿意建。想要哪一种结果，大家都会选。

28. 管理是很有必要的，人是需要管理的。不管理容易被诱惑，容易偷懒，容易游手好闲，容易养成坏习惯，从而危害家庭幸福和社会稳定。有些人若不进行管理，就会去赌博，去吸毒，去小偷小摸。有效的管理，则可以杜绝或减少这些现象。

29. 人管得好，是政治家；钱管得好，是金融家；货管得好，是企业家。

30. 非洲某些落后的国家经济要搞好，首先要有一个英明且大公无私的领导人，要改变现状，不能为了家族的利益统治国家，而是为了国家的利益管理人民。如果是为了家族利益，即使百姓努力工作也不行，更何况有些非洲人还比较懒。

31. 一个国家把货币政策弄通了，再组织、管理、推动财富创造，经济就发展起来了。如果让人民自己来，让市场自己来，那就太慢了。**高效的经济发展，还是要靠政府去主动推进。**

32. 国家要发展，就要有领导核心，人无头不走，鸟无头不飞，适度集中权力比广泛民主更好，即使暂时错了，纠错也快。

33. 发展经济的第一要素就是“政府要强大”，但很多人为了自己的私利不喜欢强大的政府。

34. 经济发展得好，必须有一个强大的政府掌控全局。中国政府统筹规划，上下一盘棋，经济就不可能出大问题。

35. 西方经济的发展，也不是西方经济学推进的，而是政府的管理推进的。

36. 对于市场经济来说，应该是政府在前，市场在后，政府和市场同等重要。而政府宏观调控更重要，政府是舵主，船跑偏了，舵主要把船调到正确的航道上去。货币垄断在国家，不在市场，完全的自由市场经济在全球也不存在。货币是市场的血液，血液的比例出了问题，市场自然不健康。

37. 改革开放 40 多年，中国经济虽有波折，但从未有大的危机，虽然有阶段性问题，但每次都很快解决了，这得益于政府的主动管理、解决问题。

38. 国家，国家，就是裹在一起的很多小家。在中国，大家都是一家，不管是国企、民企，都归党中央、国务院管。

39. 否定政府对市场的干预和管理，这是非常荒谬的。一个企业，如果老板说了不算，企业怎么发展？一个家庭，如果家长说了不算，家庭怎么发展？如果一个决定是错的，改了就行，没有一个老板的初衷是把企业搞倒闭。

40. 家长管不了小孩，还算家长吗？先晓之以理，再动之以情，实在不行就打两下。不过，即便是打两下，还是自家人。

41. 没到家长的位置，小孩往往理解不了家长的想法。

42. 对家长和老师来说，如果对孩子放任自由，最终会害了孩子，而如果管得严一点，孩子会有更好的将来。政府对人民也是如此，需要适当的管理，不能放任自由。在促进公平竞争的层面，可以放任，比如唱歌比赛要充分竞争，而学唱歌的环节则要相对严厉一些。竞争的本质是群体的优胜劣汰，管理则是为了让个体变得更优。

43. 中国的公务员，人数不算多。美国政府管的事情少，中国政府管的事情多，人少了管不过来，没有政府的管理，很多事情搞不起来，做不好。效率是管理出来的，大政府大市场才是合适的。如果是小政府大市场，市场自己不会好起来。几乎任何一个行业，管理不足，都会乱。

44. 为什么要调控管理？因为唯有调控管理才能安全、稳定、高效、快速，一定意义上实现心想事成。在我们的生活当中，调控管理无处不在。建造一座大楼，要按事先设计好的图纸去做。修建一条铁路，也要提前规划哪天开工，什么样的标准，从哪里到哪里，需要多少费用，等等。就是要出门做高铁、飞机，几点出门，路上需要多长时间，是不是路上有可能堵车，都需要规划好。如果按照自然来，一切都将是效率低下，心想事不能成，结果不可预知。

45. 有经济学家反对调控经济，反对政府规划，反对国家对市场的管理和协调，这是错误的。市场有病，政府去治，你不让治，还说医生有问题。一定要小病拖成大病，大病变成没法治的病，才认为是合理的，整天想着中国的经济要崩盘，认为崩盘才合理。这肯定是不对的。很多病都是可以预防、可以治疗的，现在的小孩出生时和小的时候就打一些疫苗，对某些疾病就有免疫力了，成长更健康。有些病不是一定要生的，通过人为预防，完全可以消除掉。

46. 市场没人管，就会恶性竞争，互相伤害。放任自流的市场是无效的，有害的，只有政府管理之下的市场才是有效的。微观上可以放活，宏观上必须调控。

47. 农民种地，旱了要浇水，涝了要排水，如果让农作物自生自灭，效率太低，效果不好。生产型企业也是如此，某些调节手段的使用，不是刺激，而是科学管理，有效调节，是对症下药，是为了提高效率，不要迷信绝对的自由市场。

48. 如果市场完全靠自然的力量，以自由的方式运行是很难维系的，即便能够维系，也是难以发展的。比如种庄稼，通过自然的优胜劣汰，剩下更多的可能是稗草，即便稗草被淘汰了，亩产的提高也会非常慢，可能几十年、几百年甚至上千年才能赶上人为的规划和干预。通过土地规划、人工育种、浇水施肥除草，产量就能大大提高。另外，人为的方式还能协调不同气候条件下的产量，从而保持收获，保持财富生产，大大减少歉收、饥荒的出现。

49. 要肯定政府管理的作用。地里有稗草，为了让庄稼长得更好、收获更多，就应除草。不能因为除草除掉了一两棵庄稼就否定除草的作用，要肯定除草的作用，同时要改进除草的方法，争取下次除草时效率更高、效果更好。

50. 任其发展，物极必反，而有效调控，则能让“极端”不出现。

51. 这次新冠病毒疫情过后，大家可能都会认可政府的管理和调控，这才是正确的理念和做法。（2020 年 3 月 17 日）

52. 新冠病毒疫情中，如果政府不救市，金融市场会跌更多。（2020 年 3 月 17 日）

53. 针对这次疫情，全球不断推出的经济促进政策和措施，最终一定会见效。放心，国家救经济的招式还有很多。（2020 年 3 月 26 日）

54. 鸟可以在鸟笼里飞，鸟笼可大可小，但不能没有鸟笼，如果把鸟放出鸟笼，飞走了就回不来了。

55. 很多人平时都说政府不要干预市场，但股市一跌，他们又希望政府救市，这是自相矛盾的。

56. 自然的市场是低效的，只能在付出惨痛代价的前提下维持勉强的平衡。

57. 效率和稳定，来自政府的有效管理和对症下药。不生虫就不打药，真的生虫了就真的打药。

58. 玉米单产从 100 斤、200 斤到现在的 1000 多斤，人工育种、机械化作业、人为的浇水排涝除草施肥等起了重要作用，如果是让玉米自然生长和进化，不可能获得这么大的增产。

59. 在一个行业的乱局中，如果只靠市场的力量，往往是大部分企业一起死，只有靠政府的主动管理，才能让大部分企业一起活，整个行业才能良性发展。前些年的钢铁行业就是如此。

60. 决策者有智慧，会助推国家经济的发展。

61. 过度民主不容易实现有效组织和动员，不利于财富创造。

62. 过度民主容易培养刁民，国家治理和企业管理的成本都大大提高，整个社会投入财富生产的资源会不足，财富创造的效应会变差或停步不前。我们应该让有本事的人去创新、创业，而不是搞政治阴谋；让普通民众去劳动、消费，而不是算计着哪个候选人给他的好处更多。

63. 开车，是让司机自己开、自己调节方向和速度好，还是几个人都给司机建议和方向好？应是司机自己开更好。

64. 人为调控会犯错，但放任自流犯错会更大。人为调控犯错的损失小，纠错的成本小，纠错的速度快。

65. 中国政府管理经济是真的管得好，有点小错误是正常的，即便有错误，改得也快。

66. 谁来监督政府？这个问题要分两个层面来说，在中国，理论上政府是不需要监督的，公务员个体则是需要监督的。农民种地总想让收成好，即使今年收成不好下一年也会主动调整；父母管孩子总想孩子好，即使方法错了也会主动改变；司机开车总不会故意把自己往沟里带。同理，政府不会故意出个政策把经济搞坏。政府要管好市场、发展经济的发心不用监督，对政府可以提建议，比如提如何让经济发展得更好的建议，而对使用政府权力的公务员个体则可以监督，主要监督他是否以权谋私。

67. 怀疑政府的发心，担心政府的管理错了，这就像怀疑家长的发心，担心父母管孩子的方法不对。父母肯定希望自己的孩子好，肯定会用好的方法，如果方法暂时不好，也会主动地往好的方向改正。

68. 我们的水平比政府低，不要老担心政府犯错，应该让自己少犯错。

69. 经济发展尽量不要压，而要疏。

70. 虽然说病可能是吃出来的，但不能不吃，不吃会饿死，在吃饱的前提下，再解决安全问题。

71. 假设 X 需要房子，能够生产汽车；Y 需要车子，能够盖房子。如果 X 和 Y 都没有钱或钱不够，那就无法生产，也无法互相满足对方的需求。这时，如果政府能够有效组织或引导相关力量为 X 和 Y 提供钱，只要足够的钱流动起来了，X 和 Y 就能生产了，社会财富就能增加了。

72. 在一条路上开车，原来不知道前面有沟，后来看到了，就及时调整路线，避免开进沟里，这是最正常不过的事情。政府对经济的调控也是如此。

73. 管理经济就像打仗，打仗没有固定的公式，现场指挥，根据实际情况调整，以打胜仗为目的。

74. 热，则凉之；凉，则热之。对症下药，经济问题就能解决。关于度怎么把握，完全可以人为调控。比如吃饭，饿了就吃一点，饿得厉害就多吃点，吃饱了就不吃；比如穿衣服，冷了就加，热了就减，不合适的衣服就换；比如开车打方向，偏右了就往左打，偏左了就往右打。

75. 经济说复杂很复杂，说简单很简单，和农民种地生产粮食没什么区别。不经过管理维护怎么可能高产稳产？看怎么理解调控管理和怎么运用好调控管理。没有调控管理的市场一定是混乱的市场，就像开车一样，没有驾驶员对车调控把握一定达不到目的，乱冲乱撞。管理和市场并不矛盾，没有那么极端。农民种地种什么品种，每亩定苗多少株，根据实际情况，旱了浇水，涝了排水，缺肥施肥，有草拔掉，有虫打药，加强科学管理调控，一定是种地农民说了算。可是禾苗谁长高了谁长矮了，谁长粗了，谁长细了，那是市场的事，不是农民说了算。管理和市场结合，才能丰产稳产，获得大丰收。原来新中国成立初期实行的计划经济没有达到经济快速发展，那是因为计划脱离了实际，不接地气，为了经济快速发展，拔苗助长，本质上是劳动低效、财富生产不够的问题。

76. 国家首先要保护企业的发展，支持企业的生产，发展经济、改善民生，这是政府的重点工作。企业生产稳定了，国家经济才能稳定，政府要主动给企业解决问题，尽量减少政策给企业带来的阻碍。当然，企业必须合法合规经营。可以限制企业的资产转移到国外，但不能限制企业的发展需求，政府大力支持合法合规企业的发展，经济就会好起来。

77. 鼓励劳动，促进生产，不是说不要环境保护，不是说用污染换取发展。对环保，一定要严抓，定好标准，超标多少就罚款多少，并且要重罚，严重超标的该做多少年牢也要明确，并且严格执行。对污染企业的严管严罚，就是对达标企业的鼓励，有利于达标企业生产更多有价值的商品。

78. 如果生产不足，地球上因为物质匮乏而死亡的人数可能会超过 700 万人。事实上，随着物质财富的增长，人类的平均寿命是增长的。解决污染的问题也不难，生产的同时排放必须达标。要鼓励研发环保设备的企业和个人，要鼓励使用先进环保设备的企业，奖励达标排放，重罚超标排放。对环保科研有重大突破的，可以重赏。

79. 想要全面达标排放不难，生产环保设备的企业国家给政策支持，规定各类生产企业必须环保达标，企业买环保设备银行给低息贷款。

80. 发展不能以牺牲环境为代价，不达标的污染企业，必须整顿到达标了，才能再生产。

81. 对造假、违法、欺骗、懒惰等要严厉打击，对环保、道德、良知、社会秩序等要充分引导和规范。

82. 有了国家，有了制度，有了管理，是保障大家的安全和平等的前提，不然恶人、坏事就不受约束，相互伤害和掠夺就会成为常态。

83. 坏人害怕了，好人就安全了。现在中国是全球最安全的地方，社会治安好，是中国政府的功绩之一。如果发财的是坏人，人们就会向坏人学习。一个良性社会，不能让坏人当道。现在，坏人几乎没有了生存空间。

84. 走私多少年都没打住，现在打住了。说明政府的管理能力在不断提高。

85. 中国的天网工程，摄像头监控力度大幅提高，相当于是国家花钱买平安，让老百姓的生产和消费更放心，有利于提升经济发展动力。

86. 金融和媒体不能完全向国外开放。金融稳定是经济稳定的定海神针。国家对媒体言论的适当管控是对的，如果负能量的信息太多，会影响社会稳定。对国家来说，舆论导向很重要。

87. 雄安新区有利于疏导北京和天津难以承载的相关功能，中国各个大城市都在做工业或相关产业迁出的事，这能带来更多的建设，也能让企业更新设备，还能让企业迁出的市区贵的土地提升使用效率，也能让企业迁入的相对偏远的土地提升使用价值。

88. 军队的作战效率是怎么来的？是靠管理而不是靠自由。

89. 军队的主要作用是保护本国或全球的财富生产能正常进行，这是常态，而战争和掠夺则是偶然。

（七）管理和竞争的协调

1. 管理为纲、市场为目，能够更好地保持人民的劳动积极性，保持科技进步，保持财富创造效率的提高。

2. 什么是管理？什么是市场？管理就是规划、调整；市场就是商品交换的体系。规则要政府制定和调整，在规则之下，企业可以自由竞争，而不是连规则都由企业在竞争的过程中生成。市场的体系越健全、越合理，财富生产和交换的效率就越高。其实全世界都在搞计划经济，奥巴马有奥巴马的计划，特朗普上台了又要推出特朗普的计划。奥巴马不批的输油管道建设，特朗普上台后马上开工建设。只要货币发行权在国家手里，就不可能完全市场化。市场经济，是劳动创造财富的自由和权力，而把劳动往哪些领域引导是管理。怎么规划，怎么激励，怎么调整，是由国家管理的。应以管理为纲，市场为目，纲举，则目张。大到国家，小到企业、家庭，都应先有好的规划，再有好的执行和调整。正因为有时候计划会赶不上变化，所以要着眼当下，放眼未来。开车出门时，无法知道每一条路后续会不会堵车，只有根据路况及时调整才能既安全又快速地到达目的地。司机可以根据实际情况调整路线和速度，这本身就是规则的一部分。

3. 两个事物如果互相减效就不能放在一起，如果互相增效则可以放在一起。**市场竞争和政府管理，这两者是互相增效的。**

4. 种玉米，种多少面积可以调控，有良种就要用，但哪颗玉米长得高哪颗长得矮那就不用管了。

5. 一片玉米地，不是说一颗都不能倒，也不能因为害怕其中一颗要倒而对所有玉米都不浇水或都大水漫灌。就像银行，不能因为担心一两个企业的坏账而对大部分企业都停贷、限贷。

6. 不加强管理，不统筹规划，哪有稳定？哪有效率？市场是管理之下的市场，是统筹管理之下的自由竞争，而不是乱竞争。种地的种子、肥料、行距、株距都是由管理者决定的，而每棵农作物互相之间的竞争，谁能长得更好，则不用管理。

7. 很多市场解决不了的问题，政府能解决。

8. 不要老是市场、市场、市场，一味地盲目信任市场的调节。唯有管理才能高效、安全、稳定、快速，有更好前瞻性，并且更加利国利民。一个产业的发展，是管理出来的，而每个企业的竞争则是市场行为。比如商品房市场是规划出来的，原本中国是没有商品房买卖的，而各个开发商之间则是相对充分竞争的，互联网行业、新能源行业也是如此。

9. 宏观上组织者规划好，顶层设计要好，要有个好的纲；微观上个体之间充分竞争，谁贡献越多就获得越多，不能搞平均主义，不能吃大锅饭。

10. 我们是大政府、大市场，政府调控、统筹规划，市场发挥作用。

11. 管理是为了提高效率，但不是每个环节都要依靠管理，很多环节是要放给市场的，只有放给市场才是高效的。**管理是纲，市场是目，纲举目张，纲不能面面俱到，而应是提纲挈领。**

12. 企业之间的公平竞争当然也是需要的，政府主要协调的是企业公平竞争之外，企业自己解决不了的问题。

13. 管理是纲领，具体的分支和细节还是要市场去完成。宏观要规划好，而微观要搞活。

14. 竞争让一个企业更有活力、创造力和资源优化力。一个行业，不能过度整合，企业间的竞争越激烈，行业的发展越快。

15. 一个社会在微观层面要有优胜劣汰的机制，这有利于生产力的发展进步。

16. 市场自身能够实现优化配置的，可以让市场来，比如货币适度宽松的情况下，企业和个人在竞争过程中自然而然会让钱流向效率高的地方；而某些领域，市场的效率可能比较低，则要靠政府直接投入或引导，比如直接建高铁，引导慈善家建学校。

17. 相对平稳的时候，主要靠市场调节，比如多空比例 5 ∶ 5 或 4 ∶ 6 时；而相对极端的时候，则需要靠政府调控，比如 10 个人全部看多，或有 10 个人中 9 个人看多，这时行政化调控更有效，也更利于减少后续风险。其实国家在任何时候都可以出手调控市场，只不过大部分时间没必要出手，就像农业的水利设施都已经修建好了，要不要放水，放多少水，应看庄稼的生长情况，如果不放水庄稼都长得很好，那就没必要放水。

18. 单个行业，平时主要靠市场调节，重要的时刻需要政府的管理调控；整个经济的景气繁荣，则主要靠国家的规划、调控、管理。

19. 经济结构有问题，这是永远的问题，只能在动态中平衡，不同的时期需要不同的结构，不可能一次性调到位、调到最合理。合理的经济结构由政府管理为指导，市场自然优化。

（八）个体角度和整体意识

1. 有利于国就是有利于民。

2. 国家利益和人民利益是一致的，国家利益、人民利益和权贵利益是不一致的。国家受益就是人民受益，比如有人说房地产行业的发展国家受益最多，实际上随着房价的上涨，人民的财富也上涨了，随着国家收入的上升，用于高铁、地铁、广场、公园的投入就多了，最终受益的还是人民。当然，人民受益就是国家受益，比如国家不计成本地投入大量资金建设高铁，让人民的出行大大受益，而高铁带来的时间的节约和效率的提升则促进了整个社会的财富创造，最终国家也是受益的。

3. 在中国，凡是正能量的事，为国就是为己，为己就是为国。**公利最终会变成私利，谋私利要以公利为着眼点。**

4. 首先促进群体，然后协调个体。

5. 高铁必须由政府去投，政府去投才能实现效应的最大化。政府投钱建高铁算的是一笔账，个人（民营企业）投钱建高铁算的是另一笔账，这是两笔不同的账，前一笔账怎么算都是赚的，后一笔账算来算去还是容易亏。比如政府投 1000 亿，实际成本往往小于 1000 亿，因为土地是免费使用的，在过程中还消化了闲置产能，解决了就业，增加了多个关联行业的业务量，获得了较多环节的税收，促进了多个层次的消费，即 1000 亿投出去，直接回来的钱就有数百亿，后续回来的钱更多。而个人投 1000 亿，就是投出了 1000 亿。再说回报，国家投高铁，即便高铁运营本身不赚钱，但高铁大大提高了所有乘客的经济效率，为国民节约了大量时间，效率的提高和时间的节约能够增加大量的新增财富创造，由此整个社会财富的增量是非常可观的，全面来看，高铁带来的财富增量不可估量。而个人投高铁，如果高铁运营本身不赚钱，那就是不赚钱的。投高铁的溢出价值归人民和国家所有，私人企业是很难获得的，所以在美国和日本这样的国家，私人企业大量投资高铁是不划算的，这两个国家政府的思路、理念也没有中国那么宏观，所以高铁的大发展是较难实现的。

6. 国家在战略上更“舍得”投入，个体往往先考虑单项而且是有眼前经济效益的单项，国家则更多考虑全局并且是有长远社会效益的全局。大企业、大企业家、大投资家的成功，源头往往是因为其发心更多为社会利益，更少为个体利益。

7. 不同的行业，有高估、有低估，有景气、有不景气，总有不平衡，不能以单个行业的所谓周期去批判国家的政策，应该看所有行业的综合情况。

8. 资产是否优良，不能以盈利多少钱为评价标准，而应以能服务多少人为评价标准。

9. 作为个体来说，可以有钱；对国家来说，则要有财富。

10. 国家是为了生产财富，财富多了就好，国家不一定要赚取价格上的价差；个人是为了赚钱，钱多了才更好，需要赚取价格上的价差。

11. 如何更好地理解“财富”，应从众人利益的角度去思考，而不是个人利益的角度。对个人而言，拥有更多货币即可换取更多财富；而对国家而言，生产更多更好的物质财富和精神财富才是关键，货币的增加只是为了促进财富更好更高效地生产。天下为公，才能更好地看清事物的本质；站在自己的立场，往往不容易看清本质。

12. 个体（个人和企业）的逐利往往是拥有更多的货币。而货币是劳动凭证，如果一个人不劳动而获得了劳动凭证，或是劳动量较少而获得了较多的劳动凭证，就是侵占别人的劳动成果。国家的逐利应是拥有更多的财富。提高人民生活水平的关键是国内拥有更多的物质财富和精神财富。

13. 对个人而言，应通过劳动获得货币（劳动凭证），由此实现的富裕更光荣、更自信、更幸福。对整个社会而言，个体的财富增值应是鼓励通过劳动（生产）获得新增财富，而不是鼓励从别人那里获得财富转移。若在一个封闭体系内，有 10 个杯子 10 块钱，10 个杯子是财富，10 块钱是货币，两者是对应的，你没有劳动获得了增发的 1 块钱，你买了一个杯子之后，剩下 9 个杯子，原先的 10 块钱本来可以买 10 个杯子，现在只能买 9 个杯子了，相当于你转移了别人的 1/10 的财富。而如果你通过劳动生产了 1 个杯子，获得了增发的 1 块钱，原先的 10 块钱还是可以买 10 个杯子，你没有转移别人的财富，社会的财富也变多了，这才是良性的。

14. 个人是想干最少的活，赚最多的钱。国家则是要让人人有活干，不断提高效率，持续创造财富。

15. 个体和政府的立场往往是不同的。个人考虑问题的出发点，很可能以私利为基础，即诉求个人利益为主，社会利益为辅。而政府考虑问题的出发点，则是以公利为基础，即诉求社会利益为主，最终会利于绝大部分人。个体和政府因为出发点的不同，难免会有分歧。比如修路要拆迁，原住户考虑的大多是自己能拿到多少补偿款，而政府考虑的更多是路修好之后的综合效益。比如关停污染企业，对企业家对工人而言不太好，但对社会而言是好的，而如果能够把企业整改之后重新达标生产，则会更好。

16. 个体的经营模式，主要是为了劳动生产后获得更多的劳动凭证，追求的是货币的增多；国家的经济模式，追求的是全社会劳动效率的提高，追求的是财富量产出的增多。研究经济要从全体着眼，而不能从个体着眼。不能因为个别企业、个别行业的盈亏就肯定或否定整个经济政策和经济发展。

17. 从投资和消费的角度来说，个体往往关注价格问题，而国家则更多关注量级问题。个体要买房，希望房价越低越好，买了之后又希望房价越涨越好；国家看到人民有越来越大的买房需求，则会想办法加大房子的供应量，短期供求矛盾激化时也可能出台政策压制需求量。价格的涨跌只是表面现象，供应量级和需求量级的矛盾和平衡才是本质，抓住本质才能更好地识别趋势、把握机会。

18. 事情应放到整体中全面衡量，不能单独评价，比如不能只看鼻子来评判一个人漂不漂亮。4 万亿好不好，要看对整体经济和社会的效应，产能大了，财富多了，人民受益了，就是好事。有人说收储政策费用高，不合算，但收储政策保护了生产者，维护了价格，促进了财富的持续创造，所以也是好事。收储政策的原理就是范蠡的“贵出贱取”。连续丰收可能会导致谷贱伤农，这时就需要国家收储，以此保护商品生产群体，鼓励劳动，促进可持续的财富创造，而在歉收的年份则进行抛储，平抑物价、减缓通胀，以此保护商品消费群体。

19. 有人会用 1% 的不好，来否定 100%。比如 4 万亿的推出，有人全面否定，就是用 1% 否定 100%，比如建水电站砍一些树不好，但水电站建好了，烧水做饭可以减少砍树，企业用电可以减少烧煤，好处更多。

20. 如果 50 万的存款能全款买两套房，大部分家庭可能就不愿意再去劳动了，这不利于社会，最终也不利于自己。

21. 一个城市的某些区域要拆迁，极少部分住户不同意，向政府漫天要价，这是不合适的。土地是国有的，严格来说，对非商品房区域的拆迁，法律上政府只需补偿拆迁户土地之上建筑物的价值（不包含违章建筑），而不需要补偿土地的价值，实际上政府的拆迁补偿往往已经大大超过建筑物的价值（而对商品房区域的拆迁，法律上政府只需补偿拆迁户土地之上建筑物的价值 + 土地证剩余使用年限的价值）。一个区域需要拆迁，一般是要开展重点建设了，这是为城市的全体居民服务的，同时这一片土地的价值也不是因为当地的住户才升值的，而是因为该城市全体劳动者的劳动创造，所以对拆迁户来说，只能适当补偿、适当安置，如果大量补偿的话，反而是损害全民利益的。

22. 其实，浦东建设好了，原地居民是受益的，同时上海全市人民乃至全国人民都是受益的。若因为个别拆迁户而不建设，则全民没法受益，原地居民也没法受益。

23. 局部思维容易想不通，整体思维才能解决问题。

24. 谁来监督政府？应以公利为出发点，而非私利。你感觉政府不对，那么你对不对呢？如果你的感觉错了，怎么办？政府能保证自己为大众利益着想，谁能保证你为大众利益着想？

25. 政府可能犯错，政府也可以纠错，政府有管理好发展好的发心。政府内部有监督和纠错的体系，党委、行政、人大、政协的分工，纪委、公检法的相对独立运行，基本保障了政府的良性运行。从个体来讲，公务员个人可能出现大问题而不改正，但从群体来讲，整个政府体系不会如此。

26. 我们每个人都是国家的人，我们要多以“公心”的角度考虑和解决问题，而不是从“私心”的角度考虑和应对问题。

27. 孔子不只是维护统治阶级的利益，而是在维护体制的良性运作，由此才能维护人民的利益。现在的社会也可以有类似的思路。

28. 西方民主的概念有瑕疵，民主的前提是不损害他人，不危害社会。微观上，一桌人吃饭，各吃自己喜欢的菜，这可以民主，因为互不妨碍。宏观上，必须遵纪守法，不能完全民主，还是要管理，才能达成社会的和谐。

29. 一个社会，一个体系，一个组织，一个大集体，在这样的宏观世界体系中，谈个体的自由只能在法律法规约束之下，在不危害社会和他人的前提之下。而在微观世界中，个人自己穿什么、吃什么、喝什么则几乎没有什么限制，可以获得很大的自由。宏观上调控，微观上自由，这才是有效的市场经济形式。

30. 人虽然为自己活着，也为整个社会和组织活着。在不危害社会和他人的前提下，每个人为自己服务，本质上同时也是在为社会服务。

（九）实事求是、解决问题

1. 不管用哪种模式发展经济，最终还是要实事求是才能真正解决问题。

2. 西方经济学假设人是理性的，但人不是完全理性的，如果人是完全理性的，就不用限速、查酒驾、设置红绿灯了。不需要假设这个，假设那个，应实事求是，按照实际情况对症下药，解决问题。

3. 西方经济学把假设当成事实去研究，怎么能解决现实问题呢？应根据实际情况，针对性采取措施，兵无常形、水无常势，必须见招拆招。

4. 我们不应以假设为前提，而是以事实为前提，只有以事实为前提，才能更好地预测未来和解决问题。中国政府讲究的就是“实事求是”。中国政府完全有能力驾驭经济运行中的各种问题。

5. 适合全球的经济学，才是正确的经济学。不要什么假设、如果、复杂的数学公式，要从事实中来，去解决事实中的问题。

6. 用事实推演事实，这是正确的方法；用不存在的假设推演事实，很容易犯错误。

7. 有问题就解决问题，不要怕问题。搞经济建设，不能人为开倒车。不能以周期、规律、通胀、泡沫等为借口，人为给经济降速。

8. 找到原因，是什么因素导致了问题的发生，饿了就吃饭，冷了就穿衣服。不用去争论，也不用研究那么多所谓的周期，对症下药，药到病除。

9. 数学公式解决不了经济问题，8 个人不一定非要 8 个菜，8 个人吃多少菜要根据实际情况，很可能今天和昨天不同，这一顿和上一顿不同。应该实事求是，解决问题要根据实际情况，不够吃就加菜，吃不完就打包。

10. 中国政府的调子是经济不能过热也不能过冷，要的是稳，并且稳中求进。一看哪里有问题了，不稳了，就马上针对性解决。

11. 西方政府怕犯错，越怕越不敢做，效率越低；我们是实事求是、敢作敢为，错了就改，看到问题就想办法解决问题，因此效率高，经济发展快，人民生活水平改善快。

12. 有大数据的支持，能够更好地管理规划，不是拍脑袋，而是用实事求是的精神，依据真实的情况和数据管理规划，并且若事实变了，还要有调整的方案。

13. 几乎每个老百姓都想越过越好，政府只要协调好，哪里有问题就解决哪里的问题，经济自然就会不断发展。

14. 企业日子难过，减税、给贷款，问题很快就解决了大部分。地方政府的日子难过，发债、卖地，问题也很快就解决了大部分。

（十）表象和本质

1. 表象分析容易得出片面或错误的观点，本质分析才能得出全面和正确的观点。

2. 看到树叶、树枝枯了，就说整棵树出了问题，这是不符合逻辑的，必须看树干和树根，树叶和树枝不行不能推导出整棵树不行，看事物要看本质、本源。

3. 先有世界观，再有方法论。很多人看到了别人的方法论成功了，就研究成功者的方法论并企图复制，但对成功者的世界观视而不见、不够重视或不去理解，那就难以获得成功。

4. 不管是经济还是投资，搞清真相的人不多，甚至真相就摆在眼前，也还是会有不少人不相信真相。

5. 有些人研究宏观、讲宏观，可他们连宏观是什么都不知道，只知道引用数据，却找不到数据后面的真正原因。

6. 任何经济现象，不能看到数据不好就去处理数据问题，而应找到引起数据不好的原因，才能针对性解决问题。

7. 看过去演变的原因，抓到本质规律，才能预判未来。只看过去演变的结果，特别是过去的数字、图表，然后用过去的现象套未来的发展，很难预测未来。

8. 回归本源，研究本质，才能抓住过程。

9. 超预期就是之前看错了。理解本质规律，把握关键因素，就不会超预期，而是如预期发生。哪有黑天鹅？都是既定的！懂规律，就没有黑天鹅。

10. 房子不管是用存款买的，还是用贷款买的，其实差别没有想象中那么大，住上了好的房子，就是好事。

11. 一个家庭，拥有房子才是根本，至于是自有资金买的，借朋友钱买的，还是向银行贷款买的，并不是特别重要，重要的是房子有了。房子建了就是让人买、让人住的，房子建了对社会就是好事。如果房子都没有建，说啥都没用。

12. 现在所谓买不起房的人，也是有房住的，只不过是想要提高生活质量，想要买更大更好的房子。到城市打工的人，即便在城市没有房子，在老家绝大部分都有房子。

13. 某些已经有房子住的人，想要买更大更好的房子，因为买不起而抱怨房价贵，这就像已经有一辆车开了，却抱怨豪车太贵。车子是出行的工具，没车的人坐公交地铁或打出租车，有 10 万一辆车的人自己开车，有 100 万一辆车的人可能自己开车可能有司机开车，只要城市中每个人的出行都有对应的车辆为其服务就行。另外，一个人是否应该拥有豪车，一方面看能力，另一方面看需求，有能力同时有需求的人才可以拥有。

（十一）人性的经济层面

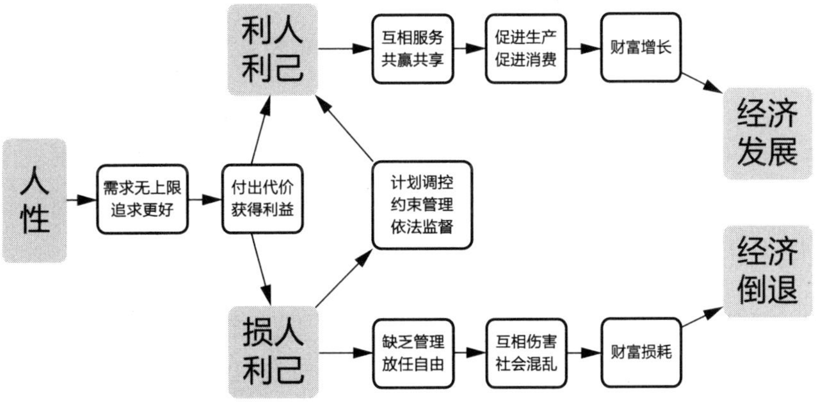

1. 有人会问：为什么说货币能促进生产？给企业钱，企业就一定会用来生产吗？企业有钱了，为什么要把大部分钱投入到生产中，而不是把钱存起来或用于和生产无关的环节？**货币能促进生产——因为人有“追求更好”的本性**，因为人的欲望是无限的。所谓“欲望”，就是为了自己更好地生活，这是人的天性。人们有追求更好的生活的需要，凡是能储存的有价值的东西，总会想要更多。可能我们会看到人性中有善的一面也有恶的一面，但我们也可以说人性没有善和恶之分，人性的表现只是为了追求更好的生活、追求更好的发展、追求更大的安全、追求更多的繁衍、追求更长的寿命的本能表现。只要这样的本能不变，货币的供应就能促进生产，因为生产能带来更多财富、更多利润、更多商品和服务、更多消费和享受，进而满足人的一部分欲望，而又因为人的欲望是无限的，所以货币促进生产也是可持续的。

2. 人是自然的人，不能说完全理性也不能说完全感性，人不管理会行“恶”（侵害他人、侵害社会），人只有在规章制度的约束下，才能成为有利于社会发展、有利于他人的人。

3. 人会在思维和行为中反映本性，追求舒适、追求安全、追求长寿、追求繁衍、追求发展、追求……人的欲望是无限的，若不加以约束，容易形成损人利己的氛围，最终损害了社会也就损害了自己的生存环境、损害了自己的未来。

4. 研究经济学的前提应当是：**人有“追求更好”的本性。这不是假设的，而是确定的，是实事求是，是本质。**

5. 不管是研究经济，还是做投资，都不能忽略人的主观能动性。

6. 劳动者的劳动积极性从哪里来？物质刺激。

7. 做任何事，有时要顺人性，有时要反人性，没有绝对的好或不好。完全顺从人性，就会乱；完全反人性，就会没有活力。

8. 人不是完全理性的，因为人在约束不够的情况下，为了自己当下的利益很可能损害他人、损害社会、损害未来，这是非理性的表现。人若是完全理性的，应是自己获得利益的同时，也有利于他人，有利于社会，有利于未来，这样人获得的利益才能持久和重复获得，这才是理性的思维和行为模式。所以人需要管理、需要监督、需要政府的引导、需要体系和制度的约束，所以国家层面要依法治国，企业层面要反垄断（如果一个企业获得了绝对的垄断地位，它很可能为了自己的利益侵害社会的利益）。为什么经济需要调控，企业需要管理，国家需要法治？这是为了杜绝个体不择手段地利己。

9. 人的欲望大多来自非理性，非理性也是好的，可以推动社会竞争、科技发展，非理性才会勇往直前。

10. 人是非理性的，一个人不在这个地方犯错，就会在那个地方犯错。人对自己的喜好和欲望会失去免疫力，所以，人需要管理。

11. 完全靠市场参与者自己来是不行的，完全自由的市场经济是不行的，一定要有有效的约束体系，有效的约束体系主要靠政府来制定和监督。自由市场自发产生的所谓体系，其高度是不够的，因为市场参与者的自私是充分的，混乱和难以协调是必然的。

12. 人性问题是会产生周期的，但有效的措施可以烫平周期。不管理，周期会明显，有效管理，可以让周期的负面影响降低。

13. 人的认知是有限的，一个人在处事时，一般会多考虑个人利益，少考虑集体利益，所以需要制度来约束。

14. 当可以自由选择“干活”或“不干活”“多干活”或“少干活”时，大多数人偏向于选择“不干活”“少干活”。

15. 我们发现，越是偏向于无私的人，越能理解本质，抓住重点；越是偏向于自私的人，越可能偏离本质，抓不住重点。长远来看，先利己后利人，得到的个人利益和社会利益没有先利人后利己大。先付出，再求回报，得到的回报更大；播种、施肥、除草、浇水……农民一系列的付出之后，庄稼才会有更好的收成。先利己会损害他人和社会的利益，必须有引导，有约束，有制度，有管理，才能形成先利人后利己或同时利人利己的氛围；若没有引导，没有约束，没有制度，没有管理，整个社会就容易形成先利己后利人甚至损人利己的氛围。

16. 有创业心、有事业心的社会精英人士，他们有更多的自发劳动动力。但大部分人的本性是懒惰的，为什么会有“严师出高徒”的现象？因为如果师傅不严厉，绝大部分徒弟是不会主动勤奋的。当然，严厉也不能过度，不然就不人性了。

（十二）劳动创造财富

1. 人和动物的本质区别之一，就是人会劳动，而且能够有效地组织劳动。

2. 一个国家的经济强不强，关键在于劳动效率和人口数量。

3. 劳动人口 × 劳动时间 × 劳动效率 = 创造的财富数量。劳动人口、劳动时间、劳动效率这三个要素中，劳动效率的可变性最大，劳动效率的提高非常重要。

4. 每一个健康的孩子都是未来的劳动资源，都是国家的优良资产，他们能创造财富，创造未来。

5. 我们的劳动效率比原来高很多，今天比昨天好，明天一定比今天好。

6. 在中国，我们崇尚“劳动光荣”，国外的一些生活方式，被我们认为是“游手好闲、好逸恶劳”，这是正确的、符合宇宙规律的理念。另外，我们虽然地大物博，但还是资源短缺，千百年来我们形成了努力劳动、创造财富、储蓄、培育下一代、延续家族等文化因素。

7. 中国人太勤奋了，特别是广大的农村，多是辛勤劳动者。中国人从小受的教育就是这样的理念，要勤劳，要储蓄。

8. 中国各个领域的绝大部分劳动者是勤劳的，比如工人、农民、小业主、企业家、科研人员、公务员、军人、快递小哥、外卖小哥等，勤劳的人民任劳任怨地为自己、为家庭、为企业、为社会、为国家创造财富（物质财富和精神财富）。财富的持续有效创造是国泰民安的基础。

9. 我们的物质和生产能力还远远不足，要从根本上解决问题，就是要发展生产，增加财富，让过得脏乱差的同胞也过上好生活。大部分人都在努力劳动，劳动者都应该过上好生活。

10. 让工人、农民有活干，有钱赚，让工人、农民富起来对经济发展有巨大的推动作用。工人、农民富起来了，消费会大幅增长，对出口的依赖会大幅下降。

11. 一个国家经济不好的本质原因是人不劳动、少劳动，其他都不是根本原因。国家建立和保护国民劳动创富的环境，这是经济发展的基础。

12. 一个国家，只要生产没问题，一切问题都不是问题；只要生产出了问题，即使没问题，也会有问题。

13. 衡量一个国家富不富，就看两点：一是存量财富，二是每年的生产能力。

14. 中国能不能比美国牛，就看当下的生产能力（产能）和未来的生产能力（科技）比不比美国牛。

15. **财富的本源不是货币，而是劳动，是生产和创造。**其中生产让财富量变累加，创造则让财富产生质变，创造的主要作用是提高生产效率。

16. 看着钱干活，钱永远不够。先干，干了，就有钱了。干了，物质财富增加了，钱也就有了。

17. 有人对纸币认识不清。以为只要有了钱，就可以不劳动在家享受，等吃等喝。家家都有钱了，都等吃等喝，物质从哪里来？还是那句老话说得好，天上不会掉馅饼，衣食住行任何一样东西都是靠劳动创造的，不是印了钱就有的。

18. 只要在劳动生产，财富就在增长。

19. 只要大家都在积极劳动，就不缺吃、不缺穿，劳动停了，麻烦就会来。

20. 生产，本质上就是“变废为宝”，把石英砂变成玻璃，把石头变成水泥，把铝土变成铝锭，然后盖房子，形成财富。

21. 生产企业，是经济的重要生命力所在，要想办法保护。

22. 百姓的生活保障在于社会的生产能力，有人干活搞生产，我们的钱才能值钱（钱能买到东西）。所以，劳动者是推动社会发展的英雄。

23. 如果整个社会能够加足马力生产，哪里来的经济泡沫？有产能不生产，那才是泡沫，才是浪费。

24. “先种梧桐树，再引金凤凰”——一切以促进财富生产为核心，一是鼓励劳动，二是加快技术更新换代，国内商品的使用价值越来越多，房子又多又好，高铁又多又快，绿地广场公园又大又美，就能留住和引来更多人才，就能拥有更大的发展空间。

25. 我提倡劳动致富，“劳动致富”有两个方面的含义：一是富裕应是劳动造就的，而不是其他因素造就的；二是财富是实实在在的劳动创造的，而不是虚拟搞出的。

26. 人有不劳而获的想法，所以有些人很难接受劳动致富的真理。

27. 财富必须通过劳动创造，哪怕是露天煤矿，也要有人发现煤矿，有人开采，有人运输，等等，凝聚了大量的劳动之后，煤矿才变成了财富。

28. 勤劳一定致富。不是弯腰干活才是劳动。因为劳动分工不同，分脑力劳动和体力劳动。其实脑力劳动在创造财富方面远胜体力劳动。科学技术是第一生产力，所以一般从事脑力劳动的人比从事体力劳动的人富裕一些。因为财富的创造大部分来自脑力劳动。

29. 南方人相对北方人勤劳一些，不但愿意多动脑，体力活也愿意多干，南方人更富裕一些也就不奇怪了。

30. 天上不会掉馅饼，没有免费的午餐。不劳动难道我们喝西北风？我们好好劳动，勤勤恳恳工作，保障生活，促进社会发展。有句谚语说得好：锯响就有末。意思是木匠的锯只要在木头上拉就会有锯末掉下来。比喻我们不要游手好闲，不要嫌赚钱少，干一点是一点，总比不工作好。有人说“劳动不一定致富”，是赚的钱没有别人赚得多，是一种比较而已！那是另一个层面的问题。

31. 个人应通过劳动获得更多货币，进而用货币换取财富。如果不劳而获、少劳而获，则相当于是对他人的侵占和伤害。劳动者想要获得更多财富，应从以下三个方面着手：保证劳动时间、提高劳动效率、改善劳动质量。

32. 可以信佛，但不要迷信佛；敬畏因果、懂得慈悲是好事，但不能只是天天念经而不劳动。一个人吃的、穿的、住的都是别人的劳动成果，自己也劳动了，才是对别人的尊重。

33. 如果大家都有房、有车、有几十亿存款，谁去劳动？谁去创造财富？劳动者是为自己劳动，也是为社会劳动。只有财富被源源不断地创造出来，大家的生活才有保障。

34. 企业通过高于成本价卖出商品，赚了价差，获得利润，这是推动社会财富良性循环的动力。只有企业有合适的利润，才能促进它生产更多的财富。

35. 企业的利润，不能理解为企业家“剥削”劳动者的“剩余价值”，利润就是企业经营过程中增加的货币，货币的增加，有利于企业家进行技术革新、增加投入、扩大就业、促进财富生产。企业的利润，可以理解为企业家通过脑力劳动、体力劳动获得的“报酬”，其管理行为、协调资源、分析判断等都可以看作是特殊的劳动行为，这类劳动在不同时间、不同环境中的标价不同（实际价值是相当的），越是稀缺的时候，其获得的报酬越多。

36. 直接参与生产的劳动者创造价值，组织劳动、提高劳动效率、促进商品交换、从事研究和创新的人也创造价值。种地的农民创造了价值，而创新者袁隆平比每个直接种地的农民创造的价值高很多。

37. 企业家是否创造财富？企业家是生产的策划者和组织者，用资本、智慧和时间组织生产、管理员工、创新或引导创新、提高财富创造效率。企业家是财富的创造者。

38. 商人是否创造财富？商人是一种社会分工，生产端和消费端的交换和流通是不可或缺的，商人的主要作用是加速商品的流通以及匹配生产和消费。商人以及商人的劳动，让需求方更便利地买到了商品，让供应方更方便地卖掉了商品，促进了生产和消费，提高了财富创造的效率。商人是财富的创造者。

39. 金融投资群体是否创造财富？商人从事的是有形的贸易，而金融投资者从事的相当于是无形的贸易，金融投资者可以为生产者和消费者提供信息，特别是提供和供求变化、价格变化相关的信息，以促进生产、促进消费、促进资源的优化匹配。金融投资群体也是财富的创造者。

40. 工作无贵贱、劳动无等级，只要是在劳动，就都是在为社会创造财富。一个人人有活干、人人肯干活的社会，才是健康的社会，才是有希望的社会。大国崛起，靠的就是人人出力劳动创造财富。没有谁人为区分劳动贵贱！体力劳动和脑力劳动相辅相成。脑力劳动不通过体力劳动实践是空想，体力劳动没有科学技术岂不更是空想！看看我们今天的社会是不是因为科学技术的发展而发展及进步。一台挖掘机的劳动量相当于多少民工，一台现代化的纺织机相当于多少纺车在作业，否则累死有何用！

（十三）物质财富和精神财富

1. 货币不是财富，只是财富的符号，财富可以分为物质财富、服务财富、技术财富、文化财富。对人类来说，有使用价值的物质、服务、技术、文化都可以定义为财富，笼统来讲，财富分为物质财富和精神财富。

2. 未来，纸币的作用会越来越小，而很多物质财富却能传承，也能保值。

3. 留着存款，最终就是数字而已，我的钱以后更多会变成实物资产。（2017 年 5 月 13 日）

4. 都有存款和都没有存款是一样的，重点落在物质上，有物质财富才是关键，东西有了，大家都有的分，没有东西，大家都有存款也没用。

5. 财富是通过人类有效的体力劳动和脑力劳动生产出来的，分为物质财富和精神财富，相对于黄金、白银、翡翠来说，便于人们衣食住行的商品和服务更具财富特征。

6. 不管是物质财富，还是精神财富（比如文学、医疗、艺术、电影等），从哪里来的呢？肯定不是凭空产生的，而是通过劳动创造出来的。

7. 提高人民的收入，不只是让劳动者表面上获得的货币量增加，更重要的是让劳动者获得更多的物质财富和精神财富。

8. 物质财富是基础，精神财富是提升，两者都重要。

9. 先有物质财富，再有精神财富。如果饭都吃不饱，投入到科学技术、文学艺术、医疗教育等方面的资源就必然不足。精神财富源于物质财富，同时精神财富又能促进物质财富。

10. 生产效率提高了，如果更多人从生产物质财富中解放出来，可以从事精神财富的创造。

11. 同等财富产出的单位用工越来越少，原来需要 100 个工时完成的生产，现在只要 80 个工时、50 个工时。不管是虚的，还是实的，都在提高。我们可以把直接生产的劳动叫作“硬劳动”，把提升生产效率的劳动（和服务于直接生产的劳动、人们之间互相服务的劳动）叫作“软劳动”，“硬劳动”是基础，虚的要建立在实的基础之上，宁愿实的过量，也不能虚的过量，可以容忍实的过量，不能容忍虚的过量。

12. 物质财富还是缺乏的，还有不少人处在物质贫困状态。

13. 道路两旁的作物，或城市街道旁的绿化，有些是可以用果树或蔬菜替代的。学校、企业、小区内的绿化也可以种一些蔬菜、水果，不但能观赏，还有实用价值。

14. 非洲较多国家的人均寿命只有四五十岁。如果一个国家的人民没有较好的劳动机会，该国的财富生产必然不够，人民连活得长久一点的资格都没有，只是表面的快乐、没压力是没有用的。

（十四）生产和消费

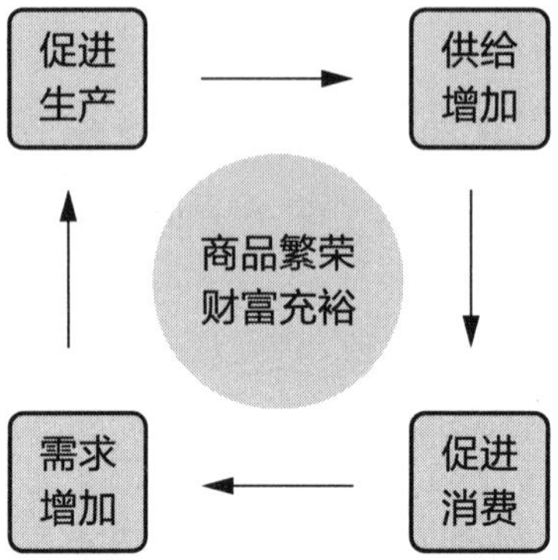

1. 最科学的经济学应该是这样的：用充分的钱（纸币）去鼓励生产，用充分的钱（纸币）去鼓励消费。并且生产和消费互相促进，以此良性循环，社会财富越来越丰富，人民生活越来越幸福。

2. “有钱就有东西”，钱发给生产者去创造财富，钱多了，财富就多了，劳动者赚钱了，消费也旺盛了，经济就能良性循环。发钱不是每家每户随便给十万，而是要把钱给生产者。

3. 社会财富的生产和消费才是关键，货币只是工具而已。

4. 让货币流通，让人们劳动，生产消费，消费生产，良性循环，经济生命健康延续。

5. 劳有所得，劳有所值。有效劳动就应该获得相应的报酬，有效劳动必然产生财富价值。劳动成果到了消费者手中，**商品为人民服务，才真正实现了其价值。**

6. 发展经济非常简单，国家主动采取措施扩大生产、扩大消费，有问题针对性解决问题。

7. 经济好不好，有人看效益，有人凭感觉，这都不靠谱，应该是看生产量和消费量，东西多就是经济好。

8. 不应限制财富生产，应该促进生产，然后合理分配，进而促进更多生产，再合理分配，加之技术进步和更新换代，由此社会财富就会越来越多，人民生活就会越来越好。

9. 路上堵车，这是建路的产能不足造成的，而开车的需求则越来越旺盛，产能明显跟不上需求，最终只能通过限号、限行来压制开车的需求。如果一开始建路的产能就是充足的甚至是过剩的，上海的延安路高架就能建个两层、三层，也就不会出现今天的天天堵车了。有些人只看眼前的事，不看未来的发展变化，修一条路本来想用 10 年的，结果半年后就堵车了。堵车在汽油和时间上的浪费，日积月累后，其成本一定远高于建路。

10. 限购的本质是房子的需求太多、供应太少，车牌摇号的本质是道路建设不够。限购缓解的是暂时性问题，增产才能解决长期性问题。同样，摇号缓解的是暂时性问题，加快道路、高架、地铁、桥梁的建设才能解决长期性问题。

11. 放眼未来，就是要保生产、促生产；着眼当下，则是要把阻碍生产的因素解决或缓解掉，把有利于生产的因素保持好或进一步发扬。

12. 生产能力上去后，商品多了，这时要想办法让原来消费不起的人买得起，增加他们的收入。可以看社会有哪些产业生产力不够，引导人们去从事生产，收入就增加了。生产衣服的生产多了，不用关停纺织企业，农村还有很多人衣服不够穿，他们想买，但买不起，如果社会缺手机，就让他们生产手机，收入多了就买得起衣服了，手机也会慢慢够用。衣服、手机都多了，路还不够，地铁还不够，就引导人们去修路、建地铁。如果衣服、手机、地铁都够了，学校、医院、老师、医生、护士还不够呢……

13. 如果一个城市经常堵车，那就建很多高架和地铁；如果高铁技术可以实现每小时 800 公里，那就全国推广，原来每小时 300 公里的可以用来运货，新的每小时 800 公里的则用来坐人；如果大家都有房有车了，那还可以更新换代，小房子换成大房子，燃油车换成新能源车。其他的物质财富和非物质财富也可以更新换代。以此实现永不衰竭的经济发展动力。（理论上可以消除经济危机和经济不景气）

14. 经济发展，就是想办法加大生产，提高效率。什么叫经济好？就是生产的东西又多又好。

15. 衡量经济增长，不能以利润为标准，而应以生产量为标准，生产多了，又被消费掉了，就是增长。

16. 只要合法合规的、产品质量好的、愿意好好生产的企业，政府应该想办法给它钱（贷款、股票上市、借款等），让它充分生产、扩大生产，还要让它在适当时把生产线和产品更新换代。

17. 只要好好劳动、遵纪守法的人，政府也要想办法给他钱（提高各类收入，提供贷款、借款等），让他充分消费、扩大消费，并且引导他使用新一代的更好的产品和服务。

18. 农民没有钱，就不消费；农民不消费，工业就起不来。要想办法让农民有钱。

19. 农民工的工资较大幅度上涨，这在一定程度上促进了消费。

20. 没钱才没需求，有了钱，谁没有需求？

21. 理论上，人人可以开豪车，家家可以住豪宅。因为大家有这个需求。

22. 需求一直是旺盛的，只是部分人群收入低会抑制需求。

23. 路不断增加，桥不断增加，还是堵车，说明需求没有得到满足。

24. 现在，中国的劳动生产者也有点钱了，很多家庭有几十万的存款，如果他们都把存款拿出来消费，谁来生产对应的商品给他们？生产量还是不够的。只有加大财富生产量，提高单位劳动效率，才能对冲存款的贬值，加大生产量是保障存款不贬值、少贬值的最负责任也是最有效的行为。

25. 如果现在太多人不干活，未来可用于消费的财富会不足。

26. 一切经济活动都是人为的，不用担心所谓的人为的需求增加，所有需求都是有效需求。

27. 有时候所谓的产能过剩是伪命题，因为需求是充足的，甚至还有很多需求没有被满足，只不过需求者没有足够的钱。哪个农民不想在城市里买房？哪个家庭不想买辆车？关键是如何引导这些需求，如何满足这些需求，如何提供钱给那些努力的需求者。

28. 回过头来看，历史上每一次商品的过剩，时间放长远一些都是可以消化的，并且后期社会需要的商品总量更多，所以要放开眼界，想办法扩展需求，改善人民生活。

29. 一边可能是生产能力过剩、商品过剩，但另一边还有人没房子住、没车开，所以当表面上车太多的时候，往往说明路太窄、高架太少、地铁太少，更应该加大道路、高架、地铁的建设，当表面上钢材太多的时候，往往说明房子和基础建设力度不够。

30. 一边是钢厂、水泥厂表面上的生产能力过剩，另一边是实际上的道路拥挤、堵车，限制买车、限行只能临时缓解问题，多建高架路、地下隧道，多修地铁才能解决问题，把看似过剩的生产能力引导到这些方面，过剩问题缓解了，人们出行也更加便利了。堵车耽误的时间和消耗的能源非常多，让一边暂时多余的生产能力为另一边的不足去生产，两边的问题都能缓解。

31. 生产和消费要匹配起来，如果没有生产能力，那也没办法，每个人只能少消费一些，而我们既然有生产能力，就应让每个人分配到更多物质，提升消费水平。最好是需求略大于生产，价格温和上涨，促进企业的生产积极性。

32. 如果有生产的能力，就要发挥出来，今天能搞完就不要等到明天，五年能完成十年规划，那就先完成，后面五年还能建设更多更好。

33. 大多数中国人接受经济危机的理论，是因为上学时课本的内容，以及各个经济学家的言论。实际上，产能过剩，牛奶倒进沟里，是错误的，牛奶是财富，不能倒。牛奶过剩，是相对富人的需求过剩了，穷人的需求还没有得到满足呢？因此，要解决的是如何让穷人变富，让穷人轻松喝牛奶，解决如何让需求提升的问题，而不是如何控制牛奶生产的问题，也不是通过竞争把一部分牛奶生产商搞破产的问题。

34. 经济危机时，人心很恐慌，不敢投入生产和扩大消费，如果这时国家再收钱，只会让投资和消费进一步下降，形成恶性循环。

35. 如何通过调节不断实现供需的动态平衡？如果供给大于需求，更应扩大需求，而不是压制供给；而如果需求大于供给，则更应扩大供给，而不是压制需求。压制容易引发通缩甚至经济危机，而引导社会的货币和增发的货币投向供求两端中少的那一端，则可以在维持经济景气的基础上实现动态的供求平衡。比如房地产市场，如果房价涨了，那就引导开发商多盖房（增加土地供应和房企贷款），如果房价跌了，那就引导购房者多买房（降低按揭比例和利率，扩大购房人群），由此实现房地产供需的动态平衡，维持房地产市场的景气，最终实现家家住上好房子、社会财富充裕的幸福场景。

36. 如果生产能力暂时超过消费需求，应把生产端引导到其他关联领域。

37. 生产不能在短时间内迅速扩张，一般情况下，只能循序渐进地增长。否则大量扩张产能时，需要消耗大量的原材料，如果消费也很旺盛，通胀就会迅速加剧。只有在 2008 年金融危机这样的情况下，刚好消费意愿低迷，才有大幅扩大生产能力的好机会。

38. 企业库存每天都可以统计，若不考虑淡旺季，如果企业库存上升了，应当引导消费、打压生产；如果企业库存下降了，应当加大生产、打压需求。

39. 建房子的农民工得到的回报不够买房子，可以让这些农民工零利息按揭买房。家电积压时农民买家电曾有过 17% 的政府补贴，虽然市民都买了家电，但农民还缺。如果商品多了，那就给缺的那个群体，政府调节一下即可。

40. 不允许环保不达标的企业生产，鼓励和支持环保达标又愿意努力劳动创造的企业生产。环保不达标的工厂、养殖场应该关停和整顿，同时也应该想办法让它们环保达标，进而能质量更高、污染更少地进行生产。如果某个片区的较多蛋鸡养殖场环保不达标，而大部分养殖户愿意努力劳动，则可以新建达标的养殖场让其迁入，这样既实现了环保养殖，又保护了养殖户的劳动积极性，也保障了对消费者的鸡蛋供应。

41. 孩子生越多，对社会的贡献越大，每个孩子未来都是劳动者和消费者。

42. 打击腐败，打击铺张浪费，省下来的钱，要投入生产，或是给百姓用于消费，这样才有利于经济繁荣。

43. 扫黑除恶非常好，让老百姓连半夜上街都很放心。治安好了，有利于生产者生产，也有利于消费者消费。

（十五）收储和放储

1. 收储不一定涨，放储不一定跌，主要看当下的供求以及供求的变化。

2. 抛储，如果有人买，说明需求好；如果没人买，则说明需求差。

3. 国家收储是好事，政府调控价格是好事，价格稳定是好事。

4. 对相关大宗商品建立一定的国家储备，集中管理，可以减少消耗和浪费，对农产品的储备还可以减少腐败变质，这对社会是有利的。

5. 国家收储，可能在价格上会出现账面亏损，但在商品价值上没有亏，反而还是“赚”的，因为收储行为能够促进后续生产，社会财富会变得更多。

6. 中国的粮食收储政策是好的，可以一定程度上平稳粮价，保障农民收入，保障后续粮食生产。至于粮库中的粮食价格高了低了，这是小事，变的只是标价，财富价值没有变。

7. 粮食是无价之宝，不能简单用价格去衡量。缺粮的时候，不是钱的问题，有钱也买不到。国储非常重要，也很有必要。收储的那点费用，代价很小，却很好保障了粮食安全。

（十六）有产能才能创造财富

1. 一国真正的财富是生产力，而不是货币，只要生产能力大，几乎想办什么都能办成。如果钱不够，扩充货币即可。钱不是个事，生产力是个事。

2. 中国的生产能力世界第一，有些老外觉得中国的房子就像是长出来的一样，一栋楼不知不觉就起来了。

3. 对“钱”是什么都没搞清楚，不可能研究出好的经济学。货币只是国家信用背书的数字，货币不是“钱”，实实在在的财富才是“钱”，生产能力才是“钱”。有了生产能力，想盖楼盖楼，想建桥建桥，要什么有什么。

4. 一个国家如果生产能力不足，经济波动就大，经济容易不健康，发展难以持续。俄罗斯出口原油，如果油价高，即便人民少干活也能活得挺滋润，这是因为原油高于本来的价值卖了出去，然后买来大量的外国商品供大家享用。而如果油价下跌到一定程度，卖出去同样多的原油，换来的商品就少了，人民即使比以前更努力，生活也可能会更艰辛。只有本国各行业的生产能力上去了，才能较好避免这样的问题。

5. 房子不够，不是地不够，而是原材料生产不够，所以房子没办法很快大量供应。

6. 有人说“过度开发”是不好的，“产能过剩”是不好的，那么开发多少是不过度，产能多少是不过度呢？开发很多是发展快的表现，产能很多是财富创造力大的表现。

7. 现在中国几乎没有落后产能，像铝、玻璃等产业，重点企业的环保标准都是世界一流的。

8. 一个行业和局部过剩是可能的，各个行业整体过剩是不存在的。

9. 个别地方搞“一刀切”，以环保为由把很多企业都关了，这是有问题的，新华社也发文说不能搞一刀切，因为正常的生产要保障，如果生产大量减少，消费者就会买不到商品，物价可能就控制不住。

10. 一个企业好不容易建了起来，如果只是小问题，应当督促它或帮助它解决问题，促进它生产，而不是因为一个小问题而关掉它。就像一棵树长成了，不能因为有点遮住阳光而砍掉它，只需修剪一些树枝即可。

11. 不少企业家以前白手起家，那么多困难都能发展起来，现在机器设备都先进了，却经营越来越困难。政府要呵护企业，保护企业。

（十七）财富越多越好，没有泡沫

1. 对实体经济来说，对财富创造而言，没有过热和泡沫一说。虚拟经济可能有泡沫，实体经济生产出来的都是财富，没有泡沫；价格可能有泡沫，财富没有泡沫。房子多了少了，都没有泡沫；房价高了低了，可能有泡沫。当然，价格的泡沫也有其合理性的一面，因为价格是用来调节供求的，价格的高低变化推动供求的动态平衡。可以容忍价格偏高，但不能容忍财富生产的下降。

2. 17 世纪荷兰郁金香泡沫和崩盘，和经济的发展不相干。实体经济发展不存在郁金香这样崩盘的事情。

3. 企业可以追求账面利润，但国家应追求财富增长。只有财富创造更多，人民人均拥有的财富才更多。房子生产多了、高铁生产多了、汽车生产多了、衣服生产多了，人民会更幸福。即使数量上不增加，也可以提高质量，比如衣服的生产量可能已经够了，那就多想办法提高质量，让男人穿上有气场，女人穿上有气质。

4. 财富肯定是越多越好，你用不完的，我来用，中国用不完的，援助给非洲也行，让财富尽其效用即可。

5. 钱只是个数，有多少财富才是重要的。如果财富没有变多，钱变多了没有意义。

6. 财富，宁愿多了，也不能缺，不能把财富当成累赘。有人把财富多了当成坏事，这是天大的笑话。适当的过剩才不容易产生问题，短缺才容易产生问题。我们害怕的是不够，而不是过剩。有点余地，有点节余，这是备份，是好事，是可以用来应对风险的。每个家庭还要保持一定的存款呢！宁可多500万吨产能，也比少100万吨产能好。因为同样的消费群体，其需求是有弹性的，可能一夜之间需求就变大不少，而同样的设备，生产的弹性就很小，不可能一夜之间扩大很多产能。所以产能有一定的备份是必要的，库存也需要一定的备份，这能提高整个产业链的安全运行。

7. 一项商品的供应，宁可过剩也不能短缺。过剩了可能不好，短缺则一定不好；物质多了不一定好，物质少了一定不好；吃饱了可能不幸福，挨饿一定不幸福；穿暖了不一定快乐，受冻一定不快乐。

8. 单个行业在个别时段，过剩是可能的，对整体经济来说，没有过剩一说。大蒜可能某一年过剩了，价格只卖1毛钱1斤，但整个社会的商品不会过剩。

9. 中国到处在建高楼大厦，有很多工厂，这是财富持续创造的现象，绝对是好事。

10. 现在要饭的比以前的地主吃的还好，这是因为社会财富大量积累。

11. 虽然财富不能解决全部社会问题，但可以解决大部分问题，剩下的需要政府和国民共同努力去解决。

12. 现在大家吃的穿的都不错了，那什么叫经济好？进一步工业化，环保生产，达标排放，生产更多财富；造更多房子，改善更多家庭的居住条件；路修得更多更宽，车就能更多，也能开得更顺畅……

13. 现在一年大约生产8亿吨钢，都用于建设了，没有剩下，以后即便一年生产16亿吨钢，也不会剩下。我们还可以在西部建钢厂，就地消化，在那里建学校、商场、高铁、地铁、公园、广场，解决当地就业，改善人民生活。（2017年5月28日）

14. 生产能力变大了，比如水泥、钢材的产出变多了，会不会用不完？水泥和钢材是财富，有了，我们就有改进的空间，比如把机场扩建，建更多的星级酒店。也有人会问，水泥和钢材是生产出来了，但是如果没有钱，怎么改进呢？其实，钱恰恰不是问题，对国家来说，要想有钱是比较容易的；对个体来说，也可以通过很多方式获得钱（比如贷款、商品交换等）。

15. 财富的生产，没有过剩一说，可以不断升级，只有越来越好，没有尽头。家家住 200 平方米的房子多好！

16. 如果用 2009—2010 年的经济发展模式和增长速度发展十年，城里人应该家家户户都能住上 100 平方米的房子。

（十八）宁可多，不能少

1. 需要多少，刚好生产多少，这是理想状态。现实中，宁可多一点，也不能少一点。一桌人吃饭，宁可稍微剩一点，也不能吃不饱。

2. 几个人一起吃饭的时候，点菜可能多一点，可能少一点，宁可稍微多一点。生产能力也是如此，宁可多 5%、10%，这比生产能力刚刚好匹配需求来得更好。当某些突发事件发生，需求突然爆发的时候，社会有点库存，企业也可以瞬间加大生产，就能缓解价格的快速上涨。其实，从整体来讲，我们的生产能力还远未达到人民的需求。

3. 在发展过程中，即便有问题，也比不发展好。多种一亩粮食总比少种一亩好，至于风刮倒了一些庄稼，扶起来就行。

4. 前些年，一直有人担心重复建设、无效劳动，最终证明这是杞人忧天。这边开车堵车了，那边还有人说修路是重复建设、无效劳动，其实应该赶紧修路、修地铁、修高铁。

5. 通过这次新冠病毒的疫情，很多人知道了库存的重要性，生产的重要性。而不是像前些年天天喊产能过剩，去库存。现在又回到了正确的思路上来了，有些物资、有些产能多一点就多一点，有备无患，对国家的发展是好事情。（2020 年 2 月 18 日）

（十九）发展无止境

1. 有人说我们的经济发展有很大的瓶颈，其实我们还有很大的发展空间，我们离“县县通高铁、村村通高速”这样的景象还差很远，还需要大量的财富创造。不说城镇的进一步发展，只是新农村建设，就有巨大的建设需求，需要大量的财富创造才能实现。

2. 如果全国农村都建成上海松江农村的标准，还要快速发展二十年。

3. 经济发展快，没有坏处，快比慢好。快不会撞车，撞车是因为车子的性能不好，或者路况不好。

4. 经济发展越快越好，不像吃饭，吃饭不是越多越好，人的胃有容量限制，经济发展没有容量限制。

5. 说来说去，经济发展主要在于衣食住行，无非是不断升级换代。大学宿舍原本一间房住 8 个人，可以慢慢改为一间房 4 个人、2 个人、1 个人，当每人都有一间了，还可以进一步把房间变得更大，装修更好，设施更完善和先进，后续的发展需求还是充分的。

6. 招待所一个月不洗被子，可以改为三星、五星酒店；医院床位不够，可以增减病房和床位；绿皮车可以改成高铁，或者改善绿皮车的卫生和服务，改善相对贫困人民的出行条件。我们有这个生产能力，只要合理引导过来就行，把过剩的引导到短缺的，让经济发展得更好更平衡一些。

7. 房地产的发展空间巨大。上海（更不用说其他地区）还有很多旧房子、小房子，若要上海居民每家每户都过上“五星级”生活，还需要很多很多年，还有很大的发展空间，还需要大量解放劳动力，即便大量的机器人参与工作，劳动力还是不够的。

8. 以前有车是奢侈，现在有车是正常。财富创造多了，国家的建设就能更好，人民的生活就能更好，中国还有很多领域可以像汽车行业这样逐步发展到人人可以享用的水平。

9. 汽车、手机的销售数据增长不太好，这说明以现在的路况、汽车的功能、手机的功能来说，需求基本饱和，但汽车和手机还可以升级换代，升级换代了就有新的需求。比如4G手机全部换成5G手机，那得销售多少新的手机！比如修的路更多更宽了，不堵车了，汽车销量也会上去。（2018年12月）

10. 有人吃了两个馒头，饱了，就说“吃饱了干啥去啊？”，好像吃饱了就没事可干了。其实还有大量的事情可以干，比如养鸡养鸭可以从“吃饱”变成“吃好”，盖房子可以从“吃好”转向“住好”，修路、建公园可以让“自己好”升级为“大家好”。

11. 抑制发展的偏见占主流是偶尔的，倡导发展占主流是正常的。

12. 个人要发家，国家要发展。马云、巴菲特追求发展没有错，他们没有给自己的发展设天花板；国家追求发展更没有错，国家经济的发展更没有天花板。

13. 如果人才、制度、技术等跟不上，经济发展快不了。不过，也不用因为担心跟不上的问题，而主动让快变成慢。

（二十）中国土地上的财富是全民的

1. 天下是全民的，中国印了那么多人民币，说到底，都是人民的。国家领导人也只是领工资而已，一张也不能多拿，只不过他们对货币有更多的管理和指挥权，当然，在管理和指挥的同时，也会受到很多约束。

2. 产权清晰有利于鼓励创造、形成责任感和使命感。但本质上，中国土地上的所有财富，不是你的我的，都是中国的。所有人是一个有机整体，每个人只是分工不同而已。

3. 如果土地私有，城市发展过程中，土地的增值会被私人土地所有者占有，而土地国有，才是全民享有土地增值。本质来说，土地的增值是因为大量的劳动者建设城市造就了城市功能和服务的完善和提高，而不是土地持有者的单方面功劳（当然也不是原土地上拆迁户的功劳），所以理论上土地的增值应归这个城市的全体劳动者所有，而实际的可行性操作方法则是归地方政府所有，相当于是归当地全体居民所有。

4. 账面财富归所有者支配、管理，并获得一部分收益权，而宏观上来说，实际财富是属于社会的。娃哈哈生产了那么多水，是全国老百姓喝的；万科生产了那么多房子，是全国老百姓住的。宗庆后管理和支配娃哈哈的账面财富，主要是为了企业利润，但本质上和事实上都是在为社会服务，结果是为社会创造了更多财富。

5. 1000 亿在马云的管理下对社会的正面效应更高，更能促进财富的生产，那么这 1000 亿就应该在他手里。最终创造的财富是留给社会的。支付宝是全民在用的。

6. 现在的财富，基本上都不是现金，钱绝大部分在银行，财富绝大部分在地上。只说这个企业归你指挥，产生的利润记在你账上，但企业的存款、贷款、货款、利润也是在流通的，实际上只要钱没有离开中国，最终还是全民共享的。

（二十一）货币功能

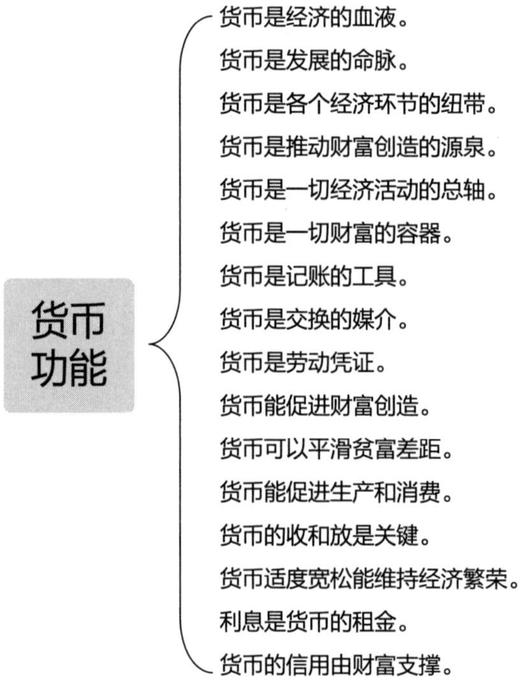

1. **货币是经济的血液，货币是发展的命脉。**货币是促进一切经济活动的纽带，是推动财富创造的源泉。离开了货币，经济就成了无源之水。

2. **货币是一切经济活动的总轴，货币是一切财富的容器。**货币和财富相辅相成，既相互促进，又相互制约。如果货币不够多，就容纳不了那么多的财富；如果没有那么多的财富，这么多的货币就不值钱了。货币政策执行得好，财富创造效率就高；财富创造越多，货币的价值就坚挺。

3. 货币不但有交换媒介和标价的功能，还有促进生产和消费、调节贫富差距、调节 CPI、平滑经济周期、稳定经济发展、连接生产消费等作用。

4. 货币是生产和消费的通道，没有货币，生产和消费的联通效率很低，货币不足或错配，也会影响生产和消费的效率。

5. 货币本身不是财富，而是促进财富生产、流通、分配的媒介。什么钱不钱的！货币就是一种工具，这个工具是为促进经济发展服务的，是为促进财富创造服务的。

6. 货币有标价功能，但货币只是为财富标价的工具，不是财富本身。

7. 货币有记账的功能，但记账为盈利不一定代表创造的财富就多，记账为亏损也不一定代表创造的财富就少。财富总量的生产和记账，比企业或相关组织盈亏的记账更重要。生产量大了，即便生产者亏损了，社会财富却增长快了；生产量小了，即便生产者盈利了，对社会财富的增长也是不利的。当然，不能让生产者持续亏损，政府要采取措施调节货币供给和生产者的上下游关系，让生产者有合理的利润。

8. 货币是用于交换的最好的一般等价物，因为货币容易保存，还可以分割，而牛羊不可以分割。

9. 货币是劳动凭证、交换媒介、财富符号，不会消失，只会在交换中转移所有权。某甲购买了某乙的房产，某甲申请银行贷款，背负债务，某乙获得现金。现金由某甲的手中流动到某乙手中，某乙购买了某丙的股票，某丙获得现金。简单来说，现金不消失，只是不断流转。

10. 如果不新发筹码，筹码不会变多也不会变少，差别在于筹码在谁的口袋里。

11. 货币有天然沉淀的属性，每个人都想存钱养老、存钱消费、存钱应对各种风险，但其实以后的养老问题不是货币能解决的，而是整个社会后续的劳动能力解决的。一个社会，能够增加有效劳动人口、提高劳动生产效率才是关键。

12. 货币本身不能吃不能喝，不是财富本身。对整个国家而言，要社会富裕，在于生产更多的财富，而不是印刷更多的纸币。对整个社会而言，应是今天比昨天生产了更多的财富，人民的富裕程度才会提高；但对个人而言，如果今天比昨天获得了更多的货币，就能比别人购买更多的商品和服务。

13. **货币是劳动的凭证**，有一个重要功能是促使人们去劳动。货币是交换的媒介，是财富的象征，其本质是劳动的凭证，其核心功能是促进财富的创造。劳动者通过劳动获得劳动凭证，也可以用获得的劳动凭证去交换别人的劳动产出（物质产出或服务产出）。

14. 在物物交换的年代，没有存款，货币和商品交换时，才有存款。对整个社会来说，存款相当于是循环多次的交换过程中，劳动凭证（货币）高于当时的财富产出（商品价值），于是劳动者有了存款。存款可以看作是劳动价值的溢出，财富产出200，而支付了劳动凭证220，劳动积极性就更高了，而劳动凭证超过财富产出的不断循环，存款（货币）的积累就越来越多。这对总体物价而言，是有助于上涨的，但部分供应量大增的商品，价格还是会下跌。

15. 国家建公园、修大桥，建设过程中，劳动者拿到了劳动凭证，但公园和大桥多数是全民免费使用的，没有变成商品销售出去，就是说国家的这些建设在生产时是付费的，而使用时是免费的，过程中产生的劳动凭证的数量本来应该消费在此，但因为免费使用而多余了出来，用于买其他东西，这也一定程度上促进了存款的增加和货币的贬值。一小部分食利阶层没有劳动，也拿到了货币，增加了存款，这也一定程度上加速了货币的贬值。当然，货币的利息也让存款变多，但这部分变多的货币并没有对应的劳动和商品的生产，由此也会促进货币相对于商品的贬值。

16. **纸币是伟大的发明**，以往5000年发展慢，就是因为没有纸币或者纸币没有充分发挥作用。如果按照白银、黄金或铜的量来生产和消费，这是很受限制的。应该按照需求来生产，用纸币来结算。只要产能有了，商品有了，发行较多纸币也就不会产生恶性通胀。

17. 本质上来讲，纸币和金银货币是两种事物，前者更偏向于信用和凭证，后者更偏向于价值和媒介。

18. 现在庞大的经济体量、金融体系，无法用有限的黄金、白银作为货币来支撑和匹配，黄金、白银的货币属性在逐步下降。

19. 为什么纸币没有广泛使用之前，人类经济发展慢，因为金银铜这些货币是有限的而且不够灵活，有限货币并且不够灵活，就无法容纳更多的财富，不能更高效率地促进生产。

20. 金银铜作为货币时，之所以生产力难以发展，财富生产少，是因为货币总量本来就少，增加也慢，流通又不便，再加上国民喜欢把“钱”放在家里又减少了货币的流通效率；而纸币则可以“充分供应”，可以灵活收放，可以存银行、放贷款、不占压，所以更能促进生产力的发展和财富的生产。

21. 有了纸币，有了央行，经济才越来越好。不用担心央行发货币。

22. 纸币是货币发展史上和人类发展史上的创举，纸币的特性大大有利于社会财富的创造和流通。金银铜的数量是有限的，也不能无中生有，人们还喜欢藏在家里，所以在金银铜作为主要货币的时代，生产和消费单位获得货币的难度大大高于纸币时代，流通速度大大低于纸币时代，财富创造数量少、效率低，经济发展一定是缓慢的、受阻的。

23. 第二次世界大战后，国际上大的格局定了，国家特别是大国的信用大大提升，不会像以前一样，动不动就有亡国或政府倒台的危机。国家的信用稳定了，纸币的基础就坚实了。这是第二次世界大战后世界财富超级增长、人类生活水平大幅提高的原因之一。

24. 我们相信黄金有用，所以黄金可以作为货币；我们相信人民币有用，所以人民币可以作为货币。货币只是劳动凭证、财富代码，关键在于它对它所标价的财富的价值保障力度有多大。人民币要成为世界第一货币，中国的经济要世界第一，军事也要世界第一。

25. 长期来看，相对于商品，纸币一直是在贬值的，所以只要利息不高，谁敢借钱谁就占便宜。事实证明，贷款买房的人比全款买房的人赚得更多。

26. 对经济发展来说，银行是必要的金融部门，其他金融机构的作用不大。

27. 印度总理莫迪主导更换和没收大额纸币，对打击腐败和提升货币购买力是有正面作用的。虽然没有直接抓贪污腐败分子，但一定程度上缓解了贪腐问题，一部分贪腐的大额纸币自动作废了，普通老百姓持有货币的购买力变相上升。

28. 比特币，不用研究，它只是炒作的符号。只有一国中央政府发行的，才能成为通用货币。

29. 比特币不是“币”，是个忽悠的东西，永远不可能成为主流货币。政府背书的才是“币”，其他的任何“币”都不可能全面流通。

30. 古时候，也就管仲、范蠡能把货币和财富的关系搞清楚。现在，也几乎没有人把货币和财富的关系搞清楚。

31. 路不是车，但没有路，车开不了。路不够，就无法生产更多的车。货币和财富的关系也是如此。货币不是财富，但货币不足会阻碍财富的创造。

32. 古代的富人偏向于存钱，把金银藏在家里，现代的富人偏向于贷款，加大生产和投资，至少现代的富人对社会财富创造的推进作用更大。生产加大了，商品充裕了，生活质量就提高了，最终百姓和国家都受益。

33. 旧社会经济发展慢，是因为富人存钱，投入生产少，穷人钱少不利于消费，并且金融体系不健全，金融机构发挥的作用太小，当然，社会安全度低、商品流通效率低、分工不细、劳动就业不充分、劳动效率低等问题也比较突出，商品的流通半径太小，比如岭南的荔枝其他有需求的地区很难买到。总之，种种因素不利于商品的生产、财富的创造，经济发展就必然是慢的。

34. 只要钱用对了地方，钱多东西就多。煤不够，给工人加班费，多干几个小时，煤就多了。经济发展就是这么简单。

35. 水利是农业的命脉，金融是工业的命脉。适当的施肥浇水可以提高粮食产量，正如适当的货币扩张可以加快财富的创造。

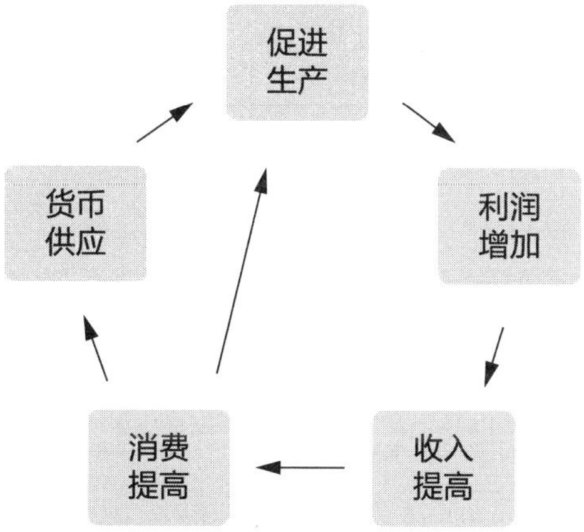

36. 货币的增发有利于提高劳动者的积极性，促进财富源源不断地产出。货币的收和放，收生产端还是消费端，放生产端还是消费端，可以调节生产和消费。

37. 为什么要发货币，主要是为了促生产，其次是为了促消费。

38. 扩大货币供给，一定要重点引导到生产上面去。

39. 货币供应促进生产，更多生产让企业产生更多利润，利润增加带来劳动者的收入提升，劳动者收入的提升带来消费的提升，消费的提升再促进生产，由此形成良性循环，促进社会财富创造和经济发展。

40. 要控制物价，更多应是增加生产，而不是限制消费、减少货币供应。用增加生产的方式控制物价，既能稳定物价，又能促进经济发展，促进国家财富的提升，促进人民收入的提高，一举多得。不能物价是稳定了，但经济却不发展了甚至倒退了。目前国外的央行对物价的调控主要就是靠单纯的货币的收和放，而不是把货币的收放和生产紧密关联起来。货币放到生产端，才是更健康的稳定物价的方式。

41. 适当增发货币，一方面穷人和富人的差距会平衡一些，另一方面则是促进富人把钱投向生产端，促进穷人和富人的消费，对社会良性发展有一定的作用。

42. 货币的供应温和增加，生产和消费不断促进。这是一个经济体健康发展的表现。

43. 货币在生产和消费环节之间流通，以及在银行和存款者、贷款者手中流通，理论上来说流通速度越快，社会能够生产的财富就越多。比如购房者用 30 万付首付，向银行贷款 70 万，到开发商那里买房，开发商拿到 100 万后存到银行，银行再贷款给购房者买房、给开发商建房，由此良性循环，社会财富就会越来越多。

44. 钱的转速增加，也能加速财富的创造。同样的货币量，在实体企业间买货卖货流转一次和流转三次，带来的财富创造量是大大不同的。

45. 钱换手，经济活；钱不换手，经济不活。钱换手的次数越多，钱没变少，而财富的生产却变多了，钱流通频率越高，财富总量的增长越多。你拿着钱，我拿着钱，你不花，我不花，商品卖不出去，阻碍企业生产，加大工人失业，社会消费力下降，由此形成恶性循环。

46. 货币可以重复使用，你花钱买了我的商品，我得到了钱再买其他的商品，货币的流通速度越快，需要的实物商品越多。加息会提升存款意愿、降低消费意愿，从而降低货币的流通速度。劳动能力、财富生产效率的大大提高，较好地对冲了货币的供应，这是日常商品的物价没有恶性通胀的主要原因。

47. 央行货币政策有四个目标：稳定物价、充分就业、促进经济增长和平衡国际收支。其实，只要生产保障了，关键问题就解决了，这四个目标也就更容易实现。

48. 增发货币的合理性投放，可以平衡某些所谓的产能过剩，比如钢生产多了，就投钱建高铁，消化一部分钢，比如水泥生产多了，就投钱建广场，消化一部分水泥。

49. 如果真的是车太多了，钢筋水泥太多了，比如人均两辆车了，大量房子没人住了，那就向这样的行业定向加息，资金自然会流出这些行业，流到其他行业。

50. 购买者使用了杠杆，政府可调节的空间就大，如果房子不用杠杆就都买得起，房贷比例的调节就没有用，调控的效果就会大大下降。房价高一点，大部分人买房需要贷款，政府通过调节贷款的比例和利息的高低，就能相对有效地调节需求端。或者说，某个领域需要发展或风险加大时，都可以通过调节杠杆来解决或缓解。

51. 个别企业、个别行业的阶段性亏损是正常现象。而如果很多行业都不景气，很多企业都亏损，那应该是总闸出了问题，比如央行的货币政策出了问题。

52. 人为收钱导致缺钱而引发的问题，放钱就能把问题解决。企业经营不善给贷款不一定有用；企业正常生产，如果缺钱，给贷款是好事。

53. 经济发展史就是财富不断增加、货币供应不断增加的历史。

54. 把货币的正面作用更好地发挥出来，就是经济学要着重研究的问题；让社会财富更好地创造和分配，就是经济学要处理和解决的问题。

55. 研究宏观不要搞得太复杂，主要研究货币。经济不好是因为钱少，经济好是因为钱多。钱多钱少谁管？政府和央行。

56. 经济不好要降息，经济好也要降息，无非是降多还是降少。

57. 慢慢地各国都明白了，经济不好主要是货币的问题。

58. 当今世界，健康的国家，扩大货币只会促进经济发展，而不会导致严重的通货膨胀。

59. 货币问题，想到，就能做到。总量不够的问题，只要增加量就能解决问题。很简单，流动性不够，就注入流动性。

60. 货币发行几乎是无成本的，那为什么还要让货币不足阻碍经济发展呢？

61. 经济的运行是确定的，过度紧缩，经济一定不好；合理宽松，经济一定好。

62. 我们可以把货币增发所带来的消费类商品的充裕和公共类基础设施的完善，看作是国家发给人民的“实物福利”，实物福利比货币福利更实在，也更能促进财富生产，更能减缓货币贬值。

63. 我说过“放钱一定能解决问题”，有人提出反对。其实这里有多个层次需要弄明白：①现在有没有问题？②有什么样的问题？③要不要放钱？④钱放到哪里？⑤什么时候放钱？⑥放多少钱？只要弄明白这些情况，那么“放钱一定能解决问题”。

64. 有人说“放钱不能解决问题”，我认为放钱一定能解决问题，关键是放的钱够不够，钱用的地方对不对。如果需要 1000 亿，只放了 100 亿，当然没用；如果实体经济需要钱，但钱却放到金融市场了，当然没用。

65. 在 2008 年金融危机后，如果不增发货币，实体企业破产更多，商品减产更多，短期内可能因为企业自保抛售而物价下跌，货币购买力上升，长期来看，生产量下降会导致商品上涨更多，货币购买力更低；而如果增发货币，虽然短期货币购买力下降，但长期来看，因为促进企业生产更多财富，而使得货币的保值度好于不增发货币。

66. 放水是没有上限的，为了经济好，可以持续放水。合理放水不用担心通胀和货币贬值，只要放水促进生产，生产出来的“货”足够多，“币”就不会贬值。放水不一定通胀，不放水不一定不通胀。放水是为了让企业正常生产，如果企业不能正常生产，货少了，钱才会不值钱。

67. **合理地放水就是经济的万能药**，一放就好。一放就好，永远有效。就像吃饭一样，饿了就吃。饿了就吃，永远有效。

68. 春节前后，若按主流经济学家的观点，中国的经济就要完了，但实际上却是经济变好。货币松了，经济就好了，就是这么简单。（2019 年 4 月）

（二十二）货币自主

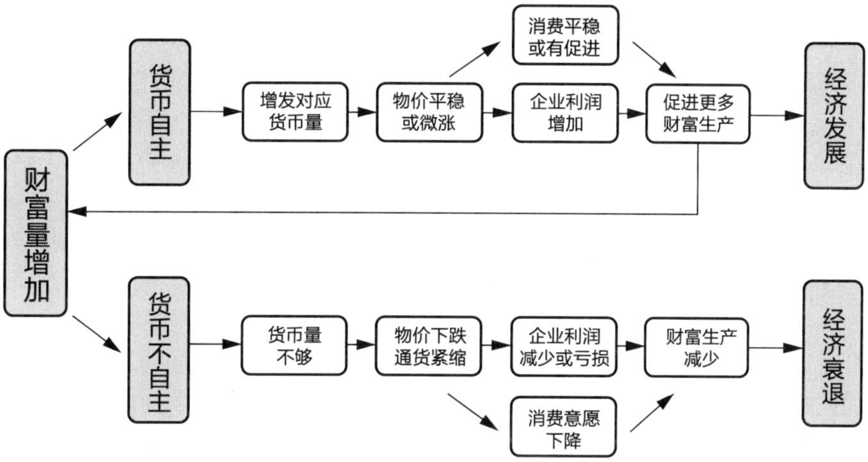

1. 一国的央行要有自主的货币发行权，也要有自主的货币政策制定权。央行的主要职责是：促进经济增长、促进充分就业、稳定物价、平衡国际收支。物价的稳定是指相对稳定，短期可以允许一定幅度的涨跌，长期则应容忍物价的温和上涨。

2. 如果没有自主的货币，比如用有限的美元外汇作为货币发行的依托，那么，若生产的财富量大了，就可能因为货币发行量跟不上而导致物价下跌（比如明朝末年白银不足导致通货紧缩，加剧社会动荡），物价下跌则可能造成经济恶性循环，从而严重影响经济的发展。而如果货币是自主的，财富量变大了则可以增加货币供应量，维持物价平稳甚至温和通胀，从而进一步促进财富生产和消费。本来财富量变大了是好事，但因为货币不自主，货币量可能无法增多或增多的数量远远不够，就会把好事变成坏事；而如果货币是自主的，则可以通过增加足够的货币量而使得好事好上加好。

3. 只有自主的货币，才能根据本国的经济情况制定和调整货币政策，才能根据生产和消费的具体情况灵活调节货币的供应量和投向，以此循环促进财富的生产和消费，促进经济的平稳高效发展。如果货币无法自主，要么供应量受限，要么货币政策无法自主制定，当生产端缺钱的时候可能投入不够，当消费端缺钱的时候可能激励不够，由此影响生产和消费的健康循环，造成财富创造的下降；货币无法自主也有可能出现货币泛滥，但收的力度不够，而引发恶性通胀。

4. 国内应该宽松还是紧缩，只能根据国内的经济情况，要看国内的生产量、消费量，不能以出口换来的美元的多少来定人民币的发行量。出口的货，换成美元，然后较多买成了美国国债。没有买成商品进来，就不应以此发行人民币。国内生产和消费量大，就应该多发钱，反之则少发钱。国内需要多少货币，不用计算美元外汇储备有多少，而是看本国的生产量、消费量。

5. 中国现在的货币政策不跟随美国，这是对的，他们是他们，我们是我们，本来就没必要跟。美联储加息，是把车往沟里开，我们不用跟着开。

6. 有一个著名的不可能三角：资本自由流动、汇率稳定和货币政策独立性三者也不可能兼得。如果要放弃一角，可放弃资本自由流动，即采取外汇管制。因为货币政策的独立性和汇率的相对稳定更加重要，对国家稳定和经济发展更有现实意义。

7. 国家缺什么都不会缺钱，千万不要认为国家会缺钱。

8. 以前，西方国家没钱了，向资本家借钱。我就不明白，造币公司都是国家的，为什么要向资本家借钱？

9. 现在世界各国主要用的货币都是纸币，纸币印出来是几乎不需要成本的，货币之所以能成为商品交换的媒介，靠的是国家的信用背书。而国家的信用从何而来呢？靠的是强大的政府，走正确的道路，引导勤劳的人民劳动创造，用自主的货币体系促进财富创造，从而生产足够多的财富，并且财富的生产是可持续的。如此，货币才有价值支撑，才能让货币买得到对应的财富；反之，货币就没有足够的价值支撑，会引发众多经济问题和社会问题。

10. 货币政策“合理充裕”，“充裕”这个词非常有力量，后续经济会更好。（2018 年 7 月 1 日）

（二十三）利息

1. **利息，是货币的租金**，存钱的人把货币租给银行获得租金，银行对租金加价后租给贷款的人，租金价差就是银行的收入。货币的租金越高，越来越多人会把货币租给银行，同时越来越少的人承受得起银行给出的货币租金；货币的租金越低，则越来越少的人会把货币租给银行，同时越来越多的人承受得起银行给出的货币租金。银行可以通过货币租金的高低调节，影响存款者货币的供应量和贷款者的货币需求量。

2. 大量的钱存在银行吃利息，这对社会是有害的，钱存在银行，如果银行不贷款出来给生产部门，那么钱一来没有用于生产、二来没有用于消费，也就没有对应的财富产生。所以，要逐步降息，让存款的价值缓慢稀释，这样有利于让钱流出来进入生产和消费环节。

3. 如果过度提高利息，可能为未来的通胀埋下隐患。虽然短期可以起到抑制消费的作用，但利息高，储蓄就多，存款加上利息就越来越多，未来的购买力会越来越强，如果商品生产量没有跟上，未来就可能发生通胀。

4. 降低利率是为了让企业成本降低，提高生产积极性，保证生产者、劳动者赚钱。利息高了，则是有钱却不投资不劳动的人更容易赚钱。吃利息，不劳而获，这是真正的剥削。企业家群体管理企业，劳动量很大，不是剥削者。

5. 赌博类的必须关掉，利息要下降，金融类的要适当限制，劳动力首先是引导到物质生产上，物质生产的效率提高了，再把劳动力引导到服务提供上，服务业也是有效劳动。我稍微有点钱，但我呼吁降息，因为全局来看，降利息能够降低生产端的成本，百姓的利息收入少了，也更愿意消费和劳动，这有利于整个社会的财富创造。

6. 货币供应越来越多，货币的租金（利息）可以下降。存款的利息，相当于是没有劳动而获得了劳动凭证，利息越高越有利于有钱人，不利于广大劳动者。有 1 亿的人，如果每年利息 5%，一年就可以白白拿 500 万，就不用干活了。可以考虑差异化的利息标准，比如存款10万以下活期年化利息1%，存款10万到100万活期年化利息0.5%，存款100万到1000万活期年化利息0.2%，存款1000万以上活期年化利息0%，定期利息也可以类似设置，这样能够促使有钱人通过劳动、投资、企业经营获得收入，更有利于保护穷人的劳动，更有利于推动经济发展。

7. 现实中，可能有这样的现象，经济繁荣时，利息低，而经济低迷甚至经济危机时，利息反而高，这是有问题的。经济繁荣时，利息略高一点企业也能盈利；经济危机时，利息太高，企业借不到钱则更容易破产。

8. 如果钱存银行没有利息，人民不存款了，大家都去消费，通胀就会很高。但是利息也不能太高，利息越高，食利的现象就越多，在现在的利率基础上，还可以略微调低一点。

9. 利率高的正常国家，往往是储蓄率高，并且是处于较快发展期的国家。为了促进经济发展，国家投入较多货币，劳动者拿到的劳动凭证很可能高于实际价值（有利于提高劳动积极性），劳动者的货币节余会越来越多，利率高一点，可以把钱吸引到银行，有利于抑制通胀。

（二十四）信用货币

1. 在调节经济的过程中，纸币的放和收是关键。经济好的时候，信用货币可能大量产生，比如A向B买100万货物，A还没有给钱，B就安排生产了，因为B知道货物很好卖，即使A不要也会有别人要；而在经济不好的时候信用货币可能大量减少，比如C向D买100万货物，C没有给钱，D就不安排生产，因为D怕风险。所以，政府要引导甚至主动参与货币和信用货币的收和放，以此调节经济景气度。

2. 同等的货币量，在不同情况下会有不同的购买力，差别就在于“杠杆”和“信用”。是否放大“杠杆”会影响购买力的大小，这个比较好理解，而“信用”是否缺失也会影响购买力的大小，比如“信用”良好的情况下，可以先发200万货，货款后续再给，而“信用”缺失的情况下则必须先付100万订金甚至要全额付200万货款，才能发货，所以若“信用”

缺失，同等货币量的购买力就会下降。

3. 购物卡、理发卡、信用卡等，派生了双倍的货币。（当你买了购物卡之后，你还在正常使用这笔钱，而卖出购物卡的商场已经可以把这笔钱用作其他用途了）

（二十五）货币需求量

1. 社会需要多少货币量？能够保证和调节正常生产、正常消费的货币量。如果库存多，消费不足，应增发货币或把货币引导到消费端；如果库存少，生产不足，应增发货币或把货币引导到生产端。

2. 货币的流通量至少要满足以下条件：让生产有活力，让企业有盈利，让劳动者有消费能力。

3. 当下需要多少货币是较难量化的，但可以引入一个动态平衡的概念。就像司机开车，偏左了方向盘就往右打一点，偏右了方向盘就往左打一点，哪怕是同一条路每开一次，过程都是不同的。但水平好的司机，总能随机应变、安全到达。（调节供应和需求也是同样道理）

4. 货币供应要和现实经济运行动态平衡。两个水库，这个水库水多了，那个少了，就从这个放水到那个，反过来也一样。只要管水库的有管理权，调节水位很简单。

5. 为了促进生产，增发多少货币合适呢？度在哪里？根据实际生产能力。比如钱投向钢厂加大生产，它需要铁矿等原材料，也需要炼钢的产能，一定时期内，原材料的供应量峰值是有限的，产能也是有限的，只要投入的钱能把闲置的生产能力利用起来即可，超出的钱就不需要投入了。生产部门在一个阶段内，有特定的吸纳能力，这个吸纳能力在当时是限量的。

6. 当然，也可以把钱投向潜在生产能力的提高上，比如投在支持生产的科技提高上，这时需要投多少钱要看的是现在科技人员、设备、技术的情况，虽然需要投多少钱计算起来更加复杂，但也是可以估算的。

7. 我们的货币供应增长速度其实已经比较高了，但还是不够。为什么呢？因为我们的社会发展速度更快了，对货币的需求更多了。

8. 中国有些政府项目，通过先赊欠的方式开工，相当于没有增发货币就把事办了，欠的钱后续逐步还，这本质上是货币不足的现象，也是中国通胀低的原因之一。

9. 经济体越大，货币吸纳量越大；经济体越小，货币吸纳量越小。当风浪来的时候，大船还是稳的，而小船不稳甚至会翻船。人口多，财富多，政府控制力强，价格暴涨暴跌一般只出现在局部，局部可能会乱，全局还是稳的。

10. M2 不是财富量，实际上留存下来的财富量远远大于 M2。每年经济发展留存下来的存量财富多，需要新增的货币也多。

11. 原先世界各国的货币政策，或多或少都有些问题。各国都应该根据自己国家的经济运行情况发行货币。昨天 8 个人吃饭，8 个菜大家都吃饱了，今天 15 个人吃饭，只加了 2 个菜，菜是新增了，但新增的量不够，有人会饿肚子，根据实际情况应该加 7 个菜，如果今天的人饭量大，则应该加 8 个菜、9 个菜。加多少合适，以这 15 个人吃饱了为合适。

12. 存量财富每年的交易量，每年新增财富的量，这决定了每年需要的流通货币量。具体需要多少流通货币，则是一个动态匹配的状态。因为人们的消费意愿、存量财富的交换比例、商品交易的次数等会经常变化，还要考虑科技进步、生产效率提高对财富创造速度的加快，所以生产、投资和消费需要政府和银行的引导，货币的收和放需要政府和央行的调节。

13. 不同的 GDP 构成，需要的货币流通量是不同的。如果 GDP 中第三产业占比高，需要的货币基数就少，而如果 GDP 中第一产业、第二产业的占比高，需要的货币基数就多，比如生产出来的房子是真切的财富存在，房子越多，就需要更多的货币为之“服务”，其实本质上是房子为货币背书，房子多需要的货币多。

14. 货币流通的速度，国家能够影响一部分，比如银行贷款多放或少放，而人心比如消费欲望、投资欲望等国家层面也很难掌控，所以即便同样多的钱，可能会通胀也可能会通缩（因为流通速度不同）。

15. 物价上涨时，因为资产价格上涨，人们自己对自己有信心，互相之间也有信心，大家都更敢于消费和信贷，货币的流速会加快。反之，物价下跌、资产价格下跌时，则会使货币流速下降。

16. 政府提高商品交换、货币流通过程中的税收，可以适当减少狭义角度的货币流通量，从而抑制通胀，也可能导致消费和生产动力不足，引发经济低迷。

17. 高效率的生产和消费，应匹配高效率的货币。如果货币扩张的速度跟不上生产，就会形成通缩。财富增长，货币也要增长。

18. 货币的扩张如果跟不上生产效率的提高，可能会引发经济危机。

19. 社会贷款越多，说明经济发展越需要钱，不能轻易停贷、限贷、收贷。历史上的不良资产，随着时间的推移，最后大多变成了优良资产。所以不用过分担心银行的不良贷款。

20. 不贷款给企业也行，要想办法让企业赚钱；不贷款给购房者也行，要想办法让购房者有能力全款买房。

21. 整体性物价下跌，肯定是货币发行量不够，货币量适应不了经济发展的需求。

22. 有几年，国内货币相对紧缩，刚好互联网支付等创新的出现让货币的流速大大加快，对冲了一部分紧缩的影响。

23. 车多了，应修路，而不应限制车的生产和消费。车多，好比是经济好、财富生产多；路堵，好比是货币供应不足、流通效率不高。如果消费旺盛的时候减少货币供应，就像是用减少路和限流的方式来让人们不开车、少开车，这解决不了根本问题，还会导致消费下降、物价下跌、经济下滑。

24. 如果路足够宽、足够多，车就可以“无限”生产；如果货币足够多、流通足够快，生产力就可以“无限”扩张。

25. 车子向下滑时，没有足够的力量无法使它反向运动；而车子在高速公路上开时，加一点点油门就能保持快速运行。不同时期，经济发展需要的货币量是不同的。

26. 整体货币环境应尽量偏略宽松一些，让有能力想生产的人能够获得资金；也可以由政府直接针对性地对某些行业投放货币，比如高铁，刚好百姓有坐高铁的需求，建设新的高铁里程的需求大，这样的投入利国利民。

27. 上游的来水量大，才能解决下游的喝水问题。若是来水量小，却让下游不喝水、少喝水，这只是权宜之计，解决下游喝水的需求，关键还是要加大上游的来水量。

28. 新发的钱，不是债，债是要还的，新发的钱是不用还的。新发货币主要是因为财富的增加，财富增加了，其交换和流通需要更多的货币。

（二十六）货币的储藏和储蓄

1. 货币一旦被储藏起来，不用于流通，就失去了货币正常的效用，就不是真正意义上的货币。失去流通属性的货币，不能发挥商品交换媒介的作用。

2. 货币储蓄在银行，只要有人把它借出去使用，流通属性就没有消失。（储藏和储蓄不同，储藏是藏起来不流通了，储蓄是存在银行，只要有人贷款，钱还在流转。持有现金不消费，是储藏；存银行，是储蓄。）

3. 储藏实物商品，不会造成流通货币的不足。而储藏实物货币，则会造成流通货币不足。货币储藏多少，就是流动性消失多少，就是有多少商品销不出去，对生产者的打击就有多大。

4. 大家分工劳动，劳动后获得劳动凭证（货币），而有人储藏货币，就意味着之前的一部分劳动成果没有被消费，如果这部分劳动成果不被消费，就会造成商品积压，商品积压了就会跌价，跌价多了企业就会亏损，企业亏损大了就会停工甚至破产，由此造成通缩、阻碍财富创造、阻碍经济发展。有人储藏货币，对应的就必须新增货币用以消费掉“储藏货币量”对应的劳动成果。

5.“币”和“货”都要流通起来。你劳动了，生产了“货”，把劳动成果交换后得到了“币”；你消费了，付出“币”，得到别人生产的“货”。社会分工，大家积极劳动，积极消费，就能良性循环。如果有人把“币”储藏起来，对应的就有人生产的“货”卖不出去。

6. 一边有人储藏货币，另一边对应的就是一部分消费和生产的停止。而一边有人储蓄货币（存银行），只要另一边有人贷款，对应的生产和消费就不会停止；但如果储蓄很积极，贷款不积极，则对应的生产和消费会下降。

7. 有人储藏货币，就需要有人超前消费、预支消费。劳动者劳动后获得货币，如果有人把一部分劳动所得（货币）存起来，那么一部分劳动成果（商品）就没有对应的货币去购买、去消费了，这种情况下，容易造成物价下跌、危害经济发展。而有人超前消费、预支消费，就能让流通的“货”和“币”动态平衡。

8. 有人储藏货币，政府和央行就必须增发货币投入到生产和消费。有人储蓄货币（存银行），就必须有一个群体在获得劳动回报之前就预支货币进行生产或消费。有人储藏货币，就要增发货币，有人储蓄货币，就要有人超前消费，这是对应的，否则社会上流通的货币会不足。

9. 央行注入流通性、政府发债、财政赤字、企业贷款、个人预支消费等，可以解决或缓解因为储藏货币和储蓄货币造成的货币流通不足。

10. 一个社会储藏货币越多，或者越是储蓄积极、贷款消极，后续爆发恶性通胀的概率越高，因为储藏和储蓄的货币迟早会拿出来消费。社会生产效率提高，创造更多财富，才能让储藏和储蓄的货币还买得到较多的东西，不然会变成废纸。

11. 现在进入了电子货币时代，货币的储藏功能弱化了，钱的流动性更好了，货币对财富的创造和经济的发展促进更大。

（二十七）M2和GDP

1. M2是累积的，而GDP只算当年，所以老是拿M2的数值和GDP对照，说什么货币发行太多，这样的言论是很不专业的。要对照，也应是每年M2的增量和每年的GDP对照，因为每年的GDP都是新增的，去年的GDP只是去年一年的。

2. 如果用M2总量和GDP去对比，那应是M2总量和若干年GDP累计总量加权值的对比。货币沉淀和财富沉淀相比，才更有意义，也更合理。（货币沉淀和财富每年的增量相比，明显是不合理的。）

3. M2是货币规模，一定程度上反映的是财富积累量。美国的M2为什么增长没那么快？因为它实物财富增长慢。

4. 美国货币贬值慢，但财富生产也慢，所以近30年美国人民获得的实际财富并没有增加太多；中国的货币贬值可能比美国快，但财富生产大大快于美国，所以近30年中国人民获得的实际财富增加了很多。中国几乎家家户户都有电视、冰箱、洗衣机了，而以前大部分家庭是没有的，因此，家庭的物质财富是大大提升的。货币的增发，M2的上升，如果能较好地促进生产，增加社会财富，国家和人民都会受益。我想，国泰民安就是国家的幸福，安居乐业就是人民的幸福。所谓“安居”就是住得舒服，所谓“乐业”就是高兴地干活。

5. 中国的货币没有超发，货币增发对财富创造的边际效应没有明显的递减；说明正是因为中国的财富生产能力强，所以通胀并不高，货币贬值并不大。

6. 中国的情况跟美国等发达经济体完全不同，中国不是货币发多了，而是基础货币严重不足。

7. 8个人8个菜，没人说什么，16个人15个菜，就有人指责菜点多了。这就像货币增发了，有人不管财富生产的增多，指着M2变多了就说这不好那不好。

8. 如果房子买了以后每天都用来买进卖出，铁路、广场、公园等都当作商品来循环交易，那么现在 M2 的量就不够用了。在中国，因为实物财富的积累是极其巨大的，如果拿出所有的实物财富，按照现在的价格去兑换货币，货币反而是不够的。

9. 如果不生产或生产太少，财富产出效应太低，不管是增量货币还是存量货币都会出问题，货币相对商品的贬值会加剧。

10. 2008 年金融危机发生后，我国的 M2 上升较快，钱主要流向生产领域，钱的流通速度也变快了，企业和个人更容易拿到贷款，社会财富创造效应较快提高。

11. 也许 M2 增加较快，但如果“货”增加更快，那么 M2 就没有超发。另外，很多贷款记账下的存款增长，不是真正的货币供应量增加，而只是数字的增加。

12. 如果劳动产生的 GDP 是一次性的，比如理发服务，就不需要为这部分 GDP 新增货币；而如果劳动产生的 GDP 是积累下来的，比如房子、车子、高铁，后续还需要货币用于交换、消费，则需要更多的货币。

13. 在中国，只有货币增发，没有货币超发；只有经济繁荣，没有经济过热。增发货币是为了符合经济发展的需求，获得的结果是创造更多财富，人民生活更好。

14. 现在技术进步很快，又有闲余劳动力，货币政策的空间大，组织协调好了，一年 GDP 还有很大的增长空间。

15. 中国的实体经济实际上仍然处在缺钱的状态，较多行业的开工率不足。如果钱够了，GDP 的数据会好看很多。

16. 中国现在的状况，想让 GDP 增长 30% 都有可能，可以提高效率的地方还有很多。把所有堵车、排队的问题都解决，就能增加不少效率。

17. 中国还有很多 GDP 没有统计，民间大量的经济行为没有计入 GDP，比如农村红白喜事吃喝自助、民间自建房，等等。比如，农村家里盖房子，找了十几个人劳动，比如以前的物物交换、义务工等，都是没有统计到 GDP 中的。另外，同样的 GDP 数字，美国消耗的财富多，留下的财富少，而中国消耗的财富少，留下的财富多，中国 GDP 的财富含金量更高，中国社会的财富创造和累积效应比美国更好。GDP 的高低不能机械对照，GDP 和 M2 也不能机械参考。

18. 中国服务业的 GDP 是被严重低估的，因为某些服务是不收费的（政府、企业、个人提供的免费服务），某些服务是低收费的（比如快递），某些服务收费了但没有进入国家统计范畴（比如各类不开发票的服务），计入 GDP 的量就会被低估。不收费、低收费、收费了没有计入统计，不代表没有创造价值，而是创造的价值被低估了。中国 1 个快递员的工作量可能顶得上美国 3 个快递员，但他的收入并没有那么高，他创造的财富是被低估的。

19. 中国 GDP 增速不止 6%~7%，真实增量估计有 10% 左右。

20. 中国除了军事和某些高精尖技术比美国差一点，其他全面超过美国。中国的工业产出是全球的 50% 左右，实际 GDP 中国可能是美国的 5 倍以上。我们的 GDP 大了去了。

（二十八）边际效应

1. 考虑边际效用时，不能静态地看问题，不能把钱的数字太当回事，同时还要站在不同的角度看问题。比如每一个馒头的效用是一样的，第一个馒头比第三个馒头对饥饿感的缓解更有用，那只是人自己的感觉问题，而不是馒头的效用问题。比如每年要建 1000 公里铁路，去年投 1000 亿，今年就不一定要投 1000 亿，可能是 1200 亿，也可能是 800 亿，要获得和去年相同的效用，需要相同的材料和劳动力，但材料的价格可能涨跌较大，钱只是数字，获得相同的效用，在动态变化中所需的钱也是变化的，效用相同，则价值相同，货币的数字不一定相同。比如衣服降价促销，先降价 10%，提高了 20% 的销量，再降价 10%，却只提高了 10% 的销量，为什么同样是降价 10%，效用会有差异呢？因为第一次降价后，消费者存量的衣服变多了，所以第二次降价对他们购买意愿的激发就没有第一次高，如果消费者存量的衣服是一样的，降价的效用也是一样的。比如对企业来说，生产 1000 件商品的利润可能是生产 500 件的 1.5 倍或 2.5 倍，而不是恰恰好的 2 倍，但对社会来讲 1000 件商品的财富价值就是 500 件的 2 倍，不管企业的销售收入是不是 2 倍、利润增长是不是 2 倍，企业的商品售价和利润都只是标价问题，社会财富的增长量才是核心，生产同样一吨螺纹钢在不同时期标价 1600 元 / 吨和标价 5000 元 / 吨，对企业来说相差很大，而对生产出来的社会财富来说，是一样的。

2. 有时候，对个体来说，边际效用确实递减了，但对社会而言，总量是增加的。不能因为考虑边际效用递减而去制定或者修改政策。经济该促进还是要促进，只要总量增加就行。

3. 政策选择不能过多考虑所谓的“边际效应”。比如建同样里程的高铁，去年需要投入 1000 亿，不能因为今年钢价涨了需要投入 1100 亿就不建了或少建了，保质保量建好高铁是目的，投入 1000 亿或 1100 亿只是表面现象，建成了高铁就能解决人民的出行问题、促进经济的发展，哪怕要投入 2000 亿，也要建。

4. 有人说“货币宽松没空间了”，这是不对的，空间是无限的。

（二十九）货币的购买力

1. 货币的信用表面上由政府提供，本质上由该货币可以购买的商品或服务的价值提供，有多少商品和服务能够用来担当该货币数字的价值，该货币就值多少“钱”。比如看上去美元的价值由美国政府的信用提供，而实际上如果美元和石油脱钩，美元可能会超级贬值。

2. 一国有足够的财富生产能力，其货币才有足够的价值，若没有生产能力，其货币最终会沦为废纸。

3. 其他国家相信中国的生产能力，拿着人民币可以来中国换商品，人民币国际化就容易推进。货币信用靠国家实力，实力主要来源于生产能力，货币归根到底应锚定商品。

4. 经济发展的三要素：人、钱、货。鼓励百姓多生孩子，提高人口就业率和劳动效率，国家适度发钞，企业多生产商品和多提供服务，通过人的劳动把钱变成货，物质繁荣了，“币”以“货”为锚，钱更有价值。

5. 很多社会问题，不能从个人角度去分析，而要从整个社会的角度去分析，货币现象就是其中之一。从整个社会的角度而言，购买力来源于生产能力，而不是货币量，生产出“货”，“币”才有购买力。

6. 社会分工劳动，交换劳动成果，为了交换方便和促进生产，所以需要货币。但货币不是消费能力的本质来源。社会的消费能力来自社会的劳动成果，劳动成果越大，消费能力越大。

7. 有人说货币增加一倍，物价就会涨一倍，这和事实不符。除非商品总量不变，货币突然增加一倍，而且所有持有货币的人都要把钱花出去，物价才会涨一倍。很显然，这在现实中是不存在的。现实中，货币增加是一个漫长的过程，货币增加的过程中，生产量也上去了（比如企业拿到贷款加大生产），人们持币、投资或消费的意愿也经常变化，所以物价可能不涨，可能微涨，甚至微跌。

8. 增发 1000 亿货币，如果实物财富也增加了，并且实物财富的增加量和货币的增发量是匹配的，物价不会涨。而即便没有增发 1000 亿，如果实物财富减少了，物价反而会涨。物价上涨，到底是因为商品供应少了，还是货币投放多了，要搞清楚。

9. 国家增发货币，没有稀释人民的财富。国家新发货币，以此新增生产能力和基建，最终社会财富是增加的，劳动者获得的财富也是增加的。

10. 老百姓的购买力，最终来自商品数量，而不是通胀了或通缩了。我们还是要走在持续高效发展生产力的正确道路上。

11. 如果每个人都有一亿，并且一亿的购买力和现在一样高，那么绝大部分人都不太愿意干活了，粮食没人种，房子没人盖，财富的产出大幅下降，商品的供应越来越少，这一个亿迟早会变得没啥价值。

12. 货币只是个数，不是财富本身。**人人有一亿可能没用，家家有房子**

一定有用。当人人有一亿的时候，这一亿的购买力可能和现在的一百万差不多甚至更低；而家家有房子的时候，不管房子的标价是变高了还是变低了，家家拥有房子这项财富的事实是没有变化的。

13. 人人有储蓄，好似人人无储蓄；人人有贷款，好似人人无贷款。货币只是个数，不是财富本身。委内瑞拉政府乱发钱，大家都有了很多货币，并不等于大家都是有钱人，只是引发了恶性通胀而已，只有发货币能较好地促进生产，等额的货币有对应的商品和服务可以买，才能让货币的贬值度减少。

（三十）价格和价值

1. 认为价值和价格联动变化，这样的观点是错误的。其实，一般而言，若不考虑折旧，价值是不变的，变化的只是价格，而价格是表象，价值是本质。一个企业一年生产 1000 万吨钢材，赚 1 个亿还是亏 1 个亿，变化的只是利润，生产出来的价值没有变化，钢材的使用价值没有变化。

2. 价格涨了，财富没增加，价格跌了，财富也没减少，房还是房，车还是车，功能没变。只是买卖双方的收入、支出、利润等记账数值有变化，同时价格的变化对未来的生产和消费积极性也会有影响。

3. 如果真实的财富已经存在，价格是不重要的，因为价格只是一个标价数字而已。没有商品，就不存在分给谁的问题，有了才能分，财富的创造更重要。

4. 一件商品的价格高低并不代表其使用价值的增减，而是通过价格的变化促进有限资源的优化配置，并促进该商品后续的加大或减少生产。

5. 通货是交换的标的物，但不代表产品价值，只要双方认可这个标的物，就可以用于商品交换。定价往往不能反映商品的真实价值，供求对定价的影响也很大。

6. 价格的变化，有投机价值，有贸易价值，有交易价值，因此价格的变化有利于财富的转移，但价格的变化本身不具备财富价值，价格的变化不会导致商品本身价值的变化。

7. 一切成功的贸易行为、投资行为，都是通过价差盈利，转移别人创造的财富的一部分。其作用是提升整个行业和社会的资源配置效率、财富生产效率。大家买一只股票，股价涨了，上市企业的价值就更高了，可以获得更多的资源创造更多的财富，由此股价再涨，良性循环。如果企业不能创造更多的财富，股价就是虚高，就应该跌下来。

8. 一个市场，需要一定比例的投机人群（但不能过多），投机人群的作用就像是蓄水池，他们低了买、高了卖，比如贸易商囤货和卖货，就像是雨水多了水库存水，干旱了水库放水。如果没有投机人群，该领域的商品更容易暴涨暴跌，因为缺少蓄水池的缓冲作用。

9. 你种 2 亩棉花，我种 2 亩茄子，假设劳动付出差不多，但棉花供不应求，2 亩地赚了 5000 元，而茄子供大于求，2 亩地只赚了 500 元。这是市场竞争后的分配，没办法绝对公平，只能通过政府收税和补贴的形式协调，另外市场的盈利效应也会自动调节。但并不是说种茄子没有价值，基本的种植量还是要保持，要保护这部分的劳动。

10. 商品价格的下跌，财富没有缩水，只是通过交换，原持有商品的人财富相对下降，购买者的财富相对增加，而财富总量是相等的。价格下跌，商品本身的价值没有变，买卖双方的财富总量也没有变，变的是卖方的某一部分财富转移到了买方。比如甲拥有 A 商品，乙拥有 1 万元，甲和乙的财富总量是 A 商品 +1 万元；正常情况下，A 商品的标价为 1 万元，甲和乙拥有的财富是相等的，交换之后还是相等的；而当 A 商品的标价变为 8000 元时，交换后，甲拥有 8000 元，乙拥有 A 商品 +2000 元，虽然甲和乙的财富总量依然是 A 商品 +1 万元，但乙拥有的财富大于甲，相当于甲的一部分财富转移给了乙。

11. 同样的劳动价值，在不同的国家、不同的行业、不同的企业，所获得的劳动所得往往是不同的，甚至高低相差较大。比如，同一个人，花一天时间生产杯子，和花一天时间生产沙发，劳动强度相同，创造的理论价值是相同的，但获得的报酬却不同，因为不同的商品供需情况不同，供大于求的价格会被压低，供小于求的价格会被抬高，凝聚了相同劳动价值的不同商品售价的不同就导致了后续分配多少的不同。另外，即便是同一个人花一天的时间生产不同品牌的沙发，劳动强度相同，获得的报酬还是会不同，因为不同的沙发品牌在市场上的供需情况不同，不同的企业的利润水平也不同。

12. 生产同样一件商品，美国人生产、中国人生产、非洲人生产，价值是相同的，但劳动者拿到的收入、商品的标价很可能不同，为什么？一方面因为劳动效率有高低，效率高的收入高，效率低的收入低；另一方面是劳动力的供求情况不同，一个地方劳动力供应多而需要劳动力的企业少，劳动报酬就相对低一些，反之则相对高一些，劳动力的供求影响其价格。而商品的标价除了内在价值和供求关系的影响外，还受汇率的影响，以及本国平均收入水平、平均消费水平的影响。

13. 中国不只是实实在在的实物财富是全球第一，哪怕是服务业也可能是世界第一，理发也好、餐饮也好，中国的量一定比美国大得多。美国的服务业标价高不代表创造的价值也高，不代表消费者得到的服务就更多更好。在中国看戏是很便宜的甚至是免费的，而在美国看球是很贵的。不能以标价的高低来衡量价值的大小，更多应是以量级来衡量。

（三十一）数量比价格重要

1. 什么叫“有钱”，就是东西多。钱多不如东西多。

2. 发财了，不是从拥有 10 万到拥有 100 万，而是从拥有 1 件衣服到拥有 10 件衣服，从拥有 1 套房子到拥有 3 套房子，实实在在的能为人所用的财富才有价值。再说，以前 10 万能买到的东西，现在可能 100 万还买不到，货币的数量是次要的，财富的数量才是重要的。

3. 价格高不一定代表财富多，香港某些超市的香蕉价格高、论个卖，还不如一个县城的香蕉标价低、论串卖。财富量才是富不富裕的本质，货币量只是表面。

4. 买不起，不是因为价格，而是因为数量。数量不够，所以买不起。

要让更多的人买得起，只能加大生产量。

5.20 世纪 90 年代初，老板才有手机，现在几乎人人有手机，而且手机的质量也提高了很多，某项商品只要生产量够了，就能人人享用。商品价格涨跌在于成本和供求，90 年代手机曾卖 2 万元一个，现在的手机功能更强了，外观更美了，却只要 2000 元一个，虽然现在手机的需求量比当时大，但生产量比当时大更多，所以手机的价格下降了。

6. 凡是家家户户都买得起的商品必定是数量非常多的，比如衣服、手机、电视、汽车，等等。当初手机、电视、汽车比现在房子还稀缺，价格昂贵，甚至普通的一辆车比一套房子还贵，后来成本下降，生产数量飞速增加，达到了人均数量，所以就进入了普通百姓家。手机、电视、汽车，一开始时也只能是少数人可以拥有的商品，只有生产量充分了，才能进入家家户户。各种商品的价格，买不起的原因表面看好像是因为价格高，其实背后的核心原因是生产量不足，就像现在的房子，很多人买不起，那是因为现在城市中的房子的量级达不到家家有房的程度，还需要时间积累和提高生产速度。多生产房子，就要多生产建材，钢筋水泥玻璃等，所以一是要增加生产建材，二是通过技术革新提高单位劳动产出效率。只要综合生产量级达到了人均家庭数量，自然而然地就会家家都能买得起房，就像现在的轿车，20 年前看是天价，不可能买得起，等生产量级达到了就轻而易举地进入了平常百姓家。

7. 某人月收入 1 万，住五星级酒店觉得太贵。如果每个酒店都建成五星级标准，他的收入就能自动匹配到觉得住五星级酒店不贵的程度。比如建造五星级酒店的能力足够大了，五星级酒店的房间供应大大增加，若干年后，五星级酒店的住宿价格涨价不多，而此人的收入增长较多，他就不觉得五星级酒店贵了，关键还是商品的供应量要足够，就像十年前他买 10 万一辆的小轿车觉得贵，而现在不觉得贵是同样的道理。即便是房价，也是如此，近二十年来，上海的房价涨了很多，但人均居住面积也大大提高，就是说并没有因为房子价格高了大家买的面积少了，反而是买的面积更多了，主要原因就是房子的供应量在加大（当然，房子供应量还不够大，仍需要进一步增加，才能缓解房价的过快上涨）。只要房子的生产量足够大，家家住200平方米的房子是有可能的。

8. 一定意义上来说，物价无所谓高低，关键是量的多少。房价偏高了，其实就是量不够，大家都想买房，大家都想住大房子，房子自然是不够的，我们要思考的是如何让房子变多，比如增加土地供应，同样的土地盖更高的楼房，另外也要让开发商有适当的利润，有利润他们才有持续买地建房的积极性，只有建更多的房子，房价才有可能变得不再那么高。

9. 买不起房子的原因不是房价高，而是产量低，房价高，是因为房子不够多，生产量够了，大家都能买得起，自然就会平衡。就像不是因为穷而娶不到老婆，而是因为男女比例失调，男的多女的少，如果女的比男的多，再穷也会有老婆。

10. 如果房子的数量不变，价格高了，有些人买不起；价格低了，这些人还是会买不起。房子的价格不会无缘无故变低，价格变低往往是受整个经济环境变差、货币环境收紧、收入变低的影响，如果房子数量不变，价格因为某些原因下降了30%，原先买不起房子的人其货币的获取能力、购买力往往也会因为外部变化而下降，最终他还是买不起。只有房子的生产量上去了，才能让一部分买不起的人变得买得起。

11. 把买不起的原因归到价格上，严重不对，主观上买不起是因为自己不行，客观上买不起是因为产量不够。房价高了，应该鼓励开发商盖更多房子，而不是指责他们赚太多，要引导开发商把利润用于盖更多房子。

12. 有人说“房子这项商品和衣服是不同的，不是生产量足够大了大家就买得起了”。我觉得房子和衣服是雷同的。买得起并不意味着价格低，货币的标价只是个数，商品的价值才是本质。以前衣服20元一件，大家都舍不得买，现在衣服200元一件，很多人都买得起，一次还可能买好几件，主要原因是生产量够了。只要生产量够了，其价格自然会让绝大部分人买得起，至于标价是多少，要看当时人们的收入情况和储蓄情况。古时候皇家用的东西，现在普通百姓也能用，为什么？因为古时候某样东西生产量太少了，而现在则是生产充裕。

13. 东西便宜了，就能买得起？东西便宜了，厂家不生产了，大家都要买，但货不够，会有很多人买不到。

14. 存款本来就多于可交换的财富，对冲存款贬值的最好方法是把钱引导到生产部门和创新部门，增加财富的创造，减少食利阶层的比例和数量，增加劳动阶层的比例和数量，提高劳动效率和科技水平。当生产量足够大了，货币对某些商品不但没有贬值，反而还是升值的，比如汽车和手机。理论上来说，任何可交易的商品，只要生产量足够多，都不会涨价。所以物价的上涨，主要归咎于生产量的不足，而不是货币的增发。

（三十二）国际国内贸易、汇率

1. **汇率，是两国劳动效率的高低反映。**汇率的比值，理论上是在不同的国家，可流动的同等商品的标价（不含税）的比值。而实际上，影响汇率的因素还有很多，比如国家管制、军事支撑、科技支撑，还有不同货币在国际上的供求变化等。当一个国家经济发展变好的时候，该国货币的投资收益会提高，国际上就会有更多人需要兑换该国的货币用于投资，这对该国货币的汇率表现是利多的。汇率的高低本质上体现的是各国劳动效率的高低，国际贸易一定程度上能够平衡汇率的不合理性。

2. 若有充足的物质财富支撑，汇率不会大幅贬值。财富越多，汇率越坚挺。汇率保不保得住，取决于财富总量和财富生产能力。

3. 人民币国际化，靠的是实力，靠的是财富，而不是黄金储备。黄金是用来应对不时之需的，平时没有什么大的用处。黄金的涨跌主要是因为情绪。

4. 增发货币，不一定导致汇率下降，比如货币增发 1%，财富总量增加 2%，汇率可能不降反升。人民币兑美元的汇率从八点几升到六点几，这个阶段货币大体上一直是增发的，汇率反而上升，主要原因是我们财富生产量提升得更快。反过来，即便货币不增发，而财富总量下降 1%，则汇率可能下降。

5. 放钱，生产量上去了，不用怕汇率下跌，货多了，汇率不会跌。货币最终锚定的是财富，是生产能力。到超市什么都能买到，货币才有用。有货才有币，这是人民币汇率坚挺的原因。

6. 不同的企业，相同的投入，获得不同的收入，收入多的企业相当于是获得了劳动的溢价，即获得了更多的劳动凭证。国家和国家之间的贸易，如同企业与企业之间的交换，本国投入越少，贸易中获得越多，就是获得越多的劳动溢价。

7. 企业生产商品的过程中，追求虚拟的高附加值，对企业本身有用，对国家内部的商品消费作用不大，而若该商品用于出口，则是有意义的。对内部来说，与其追求虚拟的高附加值，不如多生产一点实在的商品，让大家都能享用；而对外贸易来说，虚拟的附加值越高，赚到的利润越多，以后就可以从国外买更多的商品回来，这是好事。

8. 买国外的资产，相当于是把财富转移到国外，不管投向的是实体还是服务业，都应当管制。政府应当引导国内企业家、投资者尽量把钱投在国内，而非国外。日本在 20 世纪经济泡沫的末期，相关企业大量购买美国资产，这是有问题的。

9. 国内的企业到美国去创办企业，也是有问题的。企业的财富创造留在了美国，税收、就业都在美国。对个体企业来说，也许是战略、战术的安排；但对整个国家来说，这样的现象越多就越不合算，应引导企业在国内投资。

10. 国与国之间，不能所有商品都零关税（部分商品可以零关税）。一个国家内部的商品流通和贸易可以“零关税”，但国与国之间不同，某几类商品一直流出不流入，或者一直流入不流出，时间长了可能会造成国家的安全隐患，某些重要商品的价格被别国恶意操控的概率就会变大。

11. 个人把钱换成美元转移到国外，资金外流，国家外汇储备减少，国家用外汇换取国际的商品也会减少。钱在本国消费，促进本国生产和就业；钱在外国消费，促进外国生产和就业。外汇管制是对的，管控的主要是富人群体，不让富人的钱过度外流。

12. 一国外汇收入得多，对这个国家来说是有钱，而本币收多收少，对政府来说不是钱，更不是财富。个人可以把货币当成钱，也可视作财富；国家则可以把外汇当成钱，也可视作财富。

13. 对国家来说，出口资源品（能源、稀土等），出口多少就少多少，而进口资源品，创造和加工后出口产成品，本质上则是出口劳动力。很多类型的资源是不可再生的，劳动力则是可再生的，即便是同样的劳动人口，通过技术革新和分工管理还可以提高劳动生产力，同时大量的劳动者也在创造财富的过程中分到财富。相对来说，资源出口型的经济体更容易受制于人，而产成品出口型的经济体则更健康和有竞争力，比如目前的俄罗斯就属于前者，而中国属于后者。

14. 美国的原油储备，是利用美元优势，低成本占有全球资源。

15. 若美联储加息，中国央行不加息，人民币适度贬值，这是有利于出口的。但人民币贬值的时候，必须加强外汇管制，防止过多美元外流。

16. 港币和美元挂钩，有利于香港地区成为国际金融中心，香港特区政府本身为港币的信用背书是不够强的。中国内地则要有自主的货币，因为我们有能力、有必要，如此才能在经济上更好地独立自主。

17. 宣扬自由汇率、货币自由流通的国家，往往是资本流入的国家，因为有利于自己，才这么说。

18. 每个国家都在“操控”汇率，只是有些国家没操控好，受制于人。

（三十三）实体经济是根本

1. 中央说了要“脱虚向实”，我坚决支持，我们应增加整个社会劳动的数量，而不是投机的数量；我们应把钱投向生产和科技部门，生产部门增加财富创造的数量，科技部门提升财富创造的效率。

2. 看电影，多看一次少看一次，没啥差别；吃饭，多吃一顿，少吃一吨，有差别。电影行业的 GDP 本来就是虚的，没有多大用处。

3. 金融方面监管越严，对实体经济可能越好。虚的 GDP 会去掉，实的

GDP 会上升。

4. 我看实体产业的就业和收入增长没有问题，反而虚拟产业的就业和收入增长略有问题。（2018 年 12 月）

5. 股市涨不涨是小事，企业生产的财富多不多才是大事。

6. 拉人去做股票，还不如劝人去养猪，养猪是实实在在的 GDP。

7. 如果股票经纪人收入降了，没有大问题；而如果农民工收入降了，会有大问题。

8. 让所有的劳动者都去创造真正有价值的财富，社会发展会更好更快。保险、股市、期货等市场，几乎没有创造财富。真正的保险，是劳动创造财富。财富多了，才保险。

9. 人从勤劳变懒惰非常容易，但从懒惰变勤劳则非常难。西方人已经变懒，要他们干苦力，非常难。西方的经济很“虚”，不实，而中国的经济很“实”。

10. 香港地区缺乏生产型的实体经济，实实在在的财富生产比较少，又没有真正的货币发行权（港币和美元联系汇率），因此经济后继乏力。香港地区很大的问题是缺少生产型的实体企业。

（三十四）房地产的作用和问题

1. 中国过去二十来年，经济发展这么稳定，房地产行业做出了重要贡献。

2. 房地产没有绑架经济，房地产促进了经济发展。

3. 有人担心钱流向房地产对实体经济有害，其实房地产没有锁定钱，开发商收到的钱又拿去买地、买钢筋水泥，流向了政府和社会，而政府拿钱进行公共建设，钱也是流向社会。

4. 有些经济学家说钱往房地产市场流，不好。这种观点，明显是错的。

钱流向房地产，房子盖起来了，人民住上房了。钱进入房地产市场，水泥、玻璃、钢、铜、铝、家电……很多个实体经济领域都会受益，能够在各个产业链上提供大量的就业，而就业又带来各种消费，这对实体经济是大大有利的。与其让人天天花钱休闲娱乐，还不如让钱流向房地产。人民努力工作，就是为了吃好、住好、生儿育女，合适的住房是基本需求。

5. 老百姓买房子又不是赌博、吸毒，买房子是促进经济发展的。

6. 房地产行业的发展，能带动冶金（钢铁）、有色（铝合金门窗等）、建材（水泥、玻璃、砖瓦）、家电、运输、建筑、设计院、服务业（从代理销售到装修、租赁等）、电力（供电）、水利（供排水）、道路交通、商业（酒店、商场等配套）等很多行业的发展，甚至也带动了银行业的发展（发放房地产贷款）。另外，房地产的发展还能大量增加劳动力就业。可以说房地产本身就是实体经济的一部分，也是整个实体经济的重要支撑。人民劳心劳力地工作，就是为了过好日子，而住上舒适的房子是过好日子的重要组成部分。

7. 房子产量的提升，涉及的因素较多，比如土地供应要更多，钢铁、水泥、玻璃的产量要更多，施工的机械、工人要更多，等等，不是马上能解决的。所以房子不太可能一下子增产太多。

8. 多批地，房子也没法一下子变多。建房子的钢材、水泥、玻璃的产能跟不上。

9. 如果7亿农民变成市民，平均每个城市都要扩大1倍；如果改善需求从人均35平方米上升到人均70平方米，平均每个城市的住宅面积要扩大1倍，这些还不算放开二胎增加的需求。中国房地产的发展空间还很大，原材料的生产远远不足。

10. 如果钢产量100亿吨/年，很快家家住上大房子。

11. 人吃的需求不可能大幅扩张，人住的需求则可以大幅扩张。吃一碗饭的人，没办法吃三碗，住100平方米的人，很多想住300、500平方米。所以房子涨价的幅度比粮食多。当然，粮食是无价之宝，对国家来说非常重要。

12. 现在农村在宅基地上自己盖房子的少了，到镇上、县里去买房的多了。农村的想到镇上买房，镇上的想到县城买房，县城的想到市里买房，市里的想去省城买房，省城的想去一线城市买房，以后一线城市的房价支撑力还是比较强的。（2018 年 7 月）

13. 城镇化建设还需要较长时间，房地产还会发展，而房价应会相对稳定。

14. 人口结构的拐点，不是房地产衰退的理由，不说别的住房需求，只是大家的改善型住房需求都远远没有得到满足。

15. 要看国家的政策，如果国家大量改造老旧小区、老旧建筑、老旧设施，大量新建经济适用房、廉租房，那么房地产行业就不会太差。

16. 只有扩大房子的供应，房价才会从上涨转到平稳甚至转到下跌。

17. 房子的理论价值是它的实物价值（钢筋、水泥、玻璃、装修等），而不是其标价，标价可高可低，当然，标价高一点可以实现较多功能，比如变相收税、土地财政、回收货币、家庭财富增值等。

18. 房价的上涨说明：人向城市流入是挡不住的，住房需求是旺盛的，压制需求并不能消灭需求，被压制的需求总有爆发的时候。

19. 建筑工人的工资上涨，说明开工面积上升，工人供不应求。

20. 买不起房，不是因为钱不够，而是因为房不够。

21. 工资比物价涨得快，即便是涨得最快的房价也没有收入涨得快。前些年房价比其他商品涨得快，恰恰说明房子的供不应求更严重。

22. 房子不够，想要房子的人很多，就要排队，以前福利分房时，用工龄的多少来排队，后来用货币的多少来排队，现在则是用社保或摇号获得买房资格。总的来说，还是比较公平的。

23. 部分城市正在研究推出大学生买房打折的优惠政策，这是大好事。愿意为一个城市的发展建设努力付出而暂时买不起房子的人，政府可以给补贴逐步解决住房问题。想要让家家有房，不在房价的高低，而在于房子

数量够不够。只要房子数量够了，政府有的是办法让该有房的人买上房子。（2019 年 5 月 4 日）

24. 买不买得起房，不取决于买房的人，而取决于国家政策。你觉得自己买得起，一限购，就买不了了。你觉得自己买不起，加大放贷，降首付，就买上了。

25. 只要经济还在较好地发展，房价还是要涨的，只不过涨得快还是涨得慢而已。只有经济不发展了，或者倒退了，房价才不会涨甚至下跌。劳动者的工资收入一直在上涨，不能说基数大了就不会涨了；房价也是同样道理。

26. 房地产对中国经济发展的促进作用是巨大的。在中国，很长时间内，房地产都不可能崩盘。个别城市、个别区域房价大跌，是区域性问题、少数问题，不可能成为全国性问题。

27. 不排除个别城市、个别板块的房子供大于求，全国整体而言，房子还不够。（2017 年 5 月 13 日）

28. 有人说“中国到处盖高楼，让可用的土地资源越来越少了”，其实多盖高楼是节约用地，多盖别墅才是浪费土地。

29. 有两套或以上房子的人，一般会把不住的房子租出去，租给进城的大学生或打工人士居住，资源没有浪费。如果城里人各家只有一套房子，那么没房子的人就租不到房子了。

30. 如果每个家庭平均住房面积是 60 平方米，建房子的劳动人数不变，通过提高劳动效率，生产更多更好的房子，让每个家庭平均住房面积达到 150 平方米，更好。

31. 为什么不能家家住 200 平方米、500 平方米的房子，因为生产能力不足。不足就要努力加大生产，由此才能家家过上好日子。大力发展生产力，努力提高生产效率，才能让更多人富裕起来。

32. 房子越多越好，往往不是多了，而是不够。即便是多了也没事，房子多了不是累赘，想让人住进去，太简单。

33. 价格可能有泡沫，财富没有泡沫。房价泡沫并不高，因为房子的价值大。房子盖得已经比较多了，但还不够。

34. 当房贷的余额增加较快的时候，有人又对中国的经济表示担忧了。其实贷款只是个数，更多的房子在那里就好，实实在在的财富变多了就好。

35. 在中国，看房价的高低，还要看其他消费的高低，在较多日常消费方面，其实是国家在补贴全民，比如地铁、高铁、公交、公园等，这边的消费节余了，那边的房价就相对高一点。美国的日常消费高了，房价则相对低一点。

36. 嫌房价高的人，不讲理，至少是有点糊涂的。买房或不买房，这是每个人的自由。不认同“高”房价，可以选择不买房，买了房，若房价跌了，也是自己的事情。若是买不起，则是因为需求太多，供应太少，只有价格高到一定程度，压制一部分需求，才能实现供求的动态平衡。

37. 有人说“按照现在的房价，辛辛苦苦工作十年二十年还是买不起，所以在中国劳动不能致富”，甚至觉得反正劳动没多大用处，就破罐子破摔，不劳动、少劳动了，或者就埋怨政府了。我想劳动本身是没问题的，劳动肯定是有用的。社会上出现某些人买不起房的主要原因可能有以下四个方面：①劳动的数量还不够，财富的积累不多；②劳动的质量不高，财富产出的效率低；③个人的眼光不够，选择的行业报酬低，或者在房价低的时候没有出手买；④房子这项商品，社会的总体生产量还远远不够，需求大于供应，所以价格“偏高”。

38. 因为房价高了，就有人认为“天道酬勤”失效了，中国几亿农民很勤劳，但是很艰苦。我想天道酬勤对整个社会群体来讲，肯定是对的，是有效的，只要中国的劳动者在辛勤劳动，社会的财富就会越来越多，整个社会就会越来越富裕；只不过对某个个体来讲，如果勤劳的方向不对、方法不对，那确实获得的财富不会多，买不起房也是正常的。

39. 有人说“市民有房，房价涨了，受益很多，而农民则辛辛苦苦劳动，受益不多”。其实不管是市民还是农民，纵向来看，都变得更富裕了，只是横向来看确实有所差别。横向比较也要无差别的话，要么是共产主义社会（想要什么大家都有），要么是原始社会（想要什么大家都没有）。

40. 农民工建了房子，却买不起房子，便宜了城里人？可以给农民工低息甚至无息贷款用于买房，这样就更公平一些。

41. 有人工作十年，存了 50 万，货币贬值了（相当于之前获得的劳动凭证的价值被稀释了），在城市原本可以买一套房，现在只能买一个卫生间了。我们不能把这里的货币贬值完全归咎于货币的增发。不能简单地认为因为货币增发而使得你的原本可以买一套房的 50 万，现在只能买一个卫生间了，而是要明白，正是因为当时千万个你没有用这 50 万买房，所以买房的人才能用 50 万买到房，如果千万个你当时也要买房，那么对不起，当时的房价也不是 50 万能买得起了，可能是 100 万甚至 300 万。现在抱怨，不如当时行动。正是因为当时行动的人少，所以当时的供求关系影响下价格是 50 万，如果当时行动的人多了，当时的供求关系就变了，价格也就变了。为什么 2016 年全国很多城市的房价大涨，房子并没有突然变少，货币也没有突然变多，只是因为大家突然都去买房了。

42. 财富的生产需要时间，而需求的爆发可能是极快的。某一天，可能多了一倍的人去买房，但不可能多一倍的房子生产出来。

43. 我没有说用高房价刺激经济，而是说增加房子的生产和供应是有利于经济发展、国泰民安的。

44. 房子暴涨，我是很担心的，限购是对的，提高供应量更对。大家的购房需求很旺盛，供应不足才是房价暴涨的核心原因。

45. 房子和鸡蛋不同，房子的价格不能崩，崩了会严重影响国民经济，鸡蛋的价格即使崩了，也不影响全局，只是一个很小的局部出现问题。另外，如果房子价格暴跌，没人愿意建房子了，要恢复生产和供应比较难，而蛋鸡的数量想要恢复，几个月就行了。

46. 房子是普通家庭一生中最大的投资和消费，自古以来都是如此。

47. 房价为什么可以稍微贵一点？因为房子正常的家庭一辈子只消费一

次。而鸡蛋、衣服就不能太贵，因为这些是经常性消费的商品。

48. 房价在不同的国家、不同的城市、不同的地段，就应该是有高低之分的。

49. 一线城市的房价不能以当地的人均收入来计算它贵不贵，人口净流入的城市，很多人都想去工作、创业、生活、学习的城市，要按城市人口的数倍甚至夸张一点说可以按 14 亿人民的购买力去计算房价贵不贵。而普通的三线城市，我们会发现，它的房价和当地居民的收入就比较匹配了。

50. 中国有几千个城市，北上广深就 4 个，这几个城市的房价代表不了中国综合房价情况。

51. 上海房价的高低，一方面不能以上海的平均工资来衡量，因为上海的房子是卖给全国的相对富裕阶层的；另一方面还要用发展变化的眼光衡量，人们的收入是在不断提高的，十年前欠银行 30 万贷款感觉压力很大，现在来看则是很轻松就能还清的。

52. 深圳的房价高，消费高，生活成本高，是人们进入和生活在这个城市的综合成本，是想要享受这个城市服务所需要付出的代价。可能深圳很“昂贵”，中国也有相对“便宜”的城市，比如相关二线、三线城市，综合成本或许只有深圳的 30% 甚至 10% 不到。深圳的生活成本高，是因为太多人想在深圳工作、创业、生活，“需求”很大，而“供应”不足，只能“涨价”，涨价了才能实现供需的动态平衡。深圳所提供的城市服务质量高、水准高，随之而来的门槛也就高了，就像路边摊吃个炒菜 10 元，而到五星级酒店就是 80 元、100 元了，如果五星级酒店也卖 10 元，就会出现人太多坐不下的情况，卖 100 元是为了设立一个门槛。

53. 深圳的房价 10 万元 / 平方米，如果卖不掉说明生产太多，如果抢光说明生产太少。要让没房的人买得起，关键在于多盖房子，增加供应。现在其实钢材、水泥、玻璃的生产能力也是有限的，如果房子大面积建设，这些领域的生产能力也需要提升。钢材、水泥、玻璃生产能力更高了，才能建更多房子。美国也一样，要搞基础建设，美元有的是，缺的是制造业的生产能力。当然了，也可以通过提高生产效率的方式来建更多的房子。

54. 中国的房价不算太高，为什么？各个城市严厉限购，说明实际购买力超过了现在的价格，如果说买不起，为什么还要抢呢？中国的房子，有一部分功能是回收货币。美国人贷款多储蓄少，贷款消费多，中国人贷款少储蓄多，储蓄消费多。中国家庭有个 30 万、50 万的存款很正常，存款就是节余的劳动凭证，劳动者有了储蓄，储蓄多了不利于持续劳动的积极性。买房子付了首付，回收了储蓄，获得了房子，劳动者继续努力工作，有利于社会良性发展。

55. 现在房价也确实不低，所以政府一方面出台限购政策，另一方面则是增加土地供应，相当于需求和供给两头都抓，如果两头都抓得硬、抓得好，房价过快上涨的问题就能解决。这也是政府管理的好处，如果完全市场化，可能上海的房价短期内涨到 30 万，然后突然暴跌到 15 万，带来的经济伤害和社会问题就难以解决了。（2017 年 4 月 6 日）

56. 房子该买还是要买，账户里的钱，始终是个数字。缺房才限购，不缺房就不限购了，如果房子多，那就敞开卖了。

57. 不管房子是单位分的，自己买的、租的，还是国家的经济适用房……只要有房住，房子比以前住的大，住得舒服，就是好事。房子要持续生产，生产出来了，还是大家享用的。

58. 老百姓用杠杆买房，向银行借了钱，干活动力更足，经济发展更快。

59. 土地不能私有化，土地一旦私有化了，真正的不公平就要开始了。

60. 土地公有便于统一规划、建设、协调，效率高、效果好。公有就是全民所有，最终人人能够受益。我们规划建设一条高铁的时间可能是美国的三分之一，可能是澳大利亚的十分之一，土地的公有和政府的高效，让经济建设更好、更快、更公平，让百姓更早、更好、更多受益。

61. 中国的房子为什么不跌，而日本当年则大跌？因为：第一，中国的供需和日本当年不同，中国百姓对房子的需求量巨大，并且远未满足；第二，中国的政府把控力度强，土地国有。

62. 出让土地的钱政府所有，就等于人民所有，钱建了高铁，还是大家享用。地价上涨，把房地产企业的钱收回来，国家投入，全民享用，公园、铁路、公交、地铁等都由全民低价或免费享用。

63. 政府增发了货币，不用担心市场上货币泛滥，因为在中国，政府控制的资源和资产是最多的，只要拍卖一块土地，很多钱就回到政府口袋了，回来的货币还可以继续投入道路、公园、学校、医院的建设。

64. 不通过土地财政回收货币，就需要通过其他形式其他工具回收（比如相关金融市场），不然货币流通量太多，商品价格会更高。目前来看，房地产是最大、最好的货币回收池子。

65. 土地国有，但贱卖土地，城市发展过程中盖房子、买房子的人会赚取更多的利润，而这些利润很大一部分是整个城市的劳动者创造的。相对高一点的地价形成的土地财政，相当于是让更多财富流向政府，而不是流向企业或私人。钱流向政府，能够更好地用之于民，比如用于建高架、地铁，便于整个城市的居民的出行。

66. 土地是最大的财富、最基础的财富，土地公有，就是人人有份，土地增值带来的好处全民共享。

67. 想买房子的人有 100 个，有 50 个人买得起房子并且买了房子，对应的土地财政投入到公共领域，这 100 个人都可以享用。土地财政更多是针对相对有钱的人收，面向全民用，弱者更受益。

68. 一部分土地审批权释放到地方，长期来看，这是大利好，其实就是修桥、造路、盖房子变得更多更快。（2020 年 3 月 17 日）

（三十五）通胀和通缩

1. 通胀的主要原因是，当下的生产能力不足，或是发出的货币没有足够地流向生产端。

2. 货币，货币，货出来了，币就有用了。增发货币后，如果增加的“货”比“币”更多，就不会有通胀。

3. 人们获得的劳动凭证（货币）没有消失，而劳动生产出来的财富一部分消费掉了，一部分沉淀了下来（一般不拿出来交换，比如家里的家电、家庭住的房子），还有一部分财富是免费使用的，综合影响之下，长期来看，物价会温和上涨。

4. 物价的温和上涨，对生产端有吸引力（生产更多，赚得更多），对消费端也有促进作用（越早买，越合算）。生产和消费的促进，有利于商品的繁荣和经济的繁荣。

5. 商品价格温和上涨，自然会吸引企业进行更多的生产，如果社会稳定、消费正常，一般不需要收缩货币。随着财富创造的提升，如果消费正常并且还有增长空间，不能轻易收缩货币，因为社会还有加大生产的需求、更新换代的需求。人们的需求是逐步上升的，市场本来就需要货币的逐步增加来促进生产和消费，如果因为经济“过热”而紧急收缩货币，就会像上坡的汽车原本需要动力维持，而突然把动力撤掉，车子就容易下滑。当然，如果到了一定阶段，生产实在提不上去了，或是某个领域的消费已经饱和了，则针对这个领域可以不放钱，甚至稍微收点钱，但面向全社会不能轻易收钱。

6. 财富不断生产，同时温和通胀，有利于经济发展。

7. 通胀，每年在 1%~5% 是可以接受的，也是正常的，在非正常时期，比如农产品歉收的年份，通胀稍微高一点也不要紧，因为一般来说第二年丰收了通胀水平就能自动回落。

8. 什么通胀了，通胀了！财富变多了，大家分到的东西多了，就是好事，价格高一点或低一点是次要的。只要实际财富在较快增长，货币增发就是有效的。货币增发的量多到什么程度算太多呢？通胀 10% 以上。如果年通胀平均在 5%，应当是可以接受的，如果保持在 2%~3%，那是很正常、很健康的。存款多的国家，实际通胀的减少效应应超过利息的收入和平均的投资收入，由此，社会的劳动积极性会更高。

9. 社会为什么需要温和的通胀？因为劳动者没钱的时候，干活赚钱，存款，消费低，生产的商品被别人消费了（本国和外国的消费者），获得一定的货币（劳动凭证）；劳动者慢慢地存款多起来了，消费意愿上升了，相当于社会消费力量扩大了，而生产力量没有等比例扩大，如果要把存款换成以前一样多的商品，就没有那么多商品拿来兑换，所以货币适度贬值才能匹配商品总量，才能促进劳动者保持劳动积极性，才能保持财富的持续创造。

10. 通胀对负债者有利，随着时间的推移，还钱的时候，钱的购买力已经下降了，相当于少还了。

11. 良性通胀，可以解决大部分经济问题。**是通胀促进经济发展更多一些，而不是经济发展引发通胀更多一些。**

12. 增发货币，只要大部分流向生产端，即便出现通胀，也是可控的通胀，良性的通胀，有利于社会财富进一步创造和积累的通胀。相对于增发的货币没有流向生产端的恶性通胀而言，同样是通胀，我们应选择良性通胀。因为恶性通胀环境中，财富生产少；良性通胀环境中，财富生产多。

13. 货币增发和通胀没有直接关系，如果货币增发 4 万亿，而增加了 8 万亿的生产，不一定会推高价格。即使货币不增发，产量下来了，价格也可能会上涨。关键是货币供应和商品供应是否平衡。

14. 钱放多了为什么没有大通胀？因为生产的商品多了。就像路修多了，车多了也不堵车。

15. 放出来的钱，如果直接以福利形式发放，或不经过劳动直接进入老百姓的口袋，容易引发通胀；而如果钱放到生产端，扩大商品供应，人们通过劳动获得更多收入再用于消费，则不容易引发通胀。

16. 增发的货币，如果变成了高楼、道路、机场、桥梁、汽车、高铁、地铁，就必然有利于实体经济，即便有通胀，也是良性通胀；如果增发的货币发给个人，而不是用于生产，则容易形成恶性通胀。

17. 为什么全球各国 M2 增长了这么多，却没有发生高通胀，原因很简单，“币”增加了，“货”也增加了，“货”多了，“币”就不会贬值。因为钱促进生产，生产量大了，货变多了，就不容易涨价。如果货增加的比例比钱还多，非但不涨价，可能还会跌价。

18. 恶性通胀，往往是因为货币增发太多，并且增发的货币没有有效投向生产端而导致的。比如津巴布韦和委内瑞拉，或者是新中国成立前的国民党时期。因为社会太乱，生产难以保障，增发的货币无法投向生产端，或者因为增发的货币大幅超过了生产部门的吸纳能力，恶性通胀就会产生。

19. 一个国家的行业全，自给自足率高，就很难发生整体性恶性通胀，比如中国。但主要依靠石油出口的国家，若其他大部分商品都要靠进口，那么如果油价大跌，其本国货币的汇率可能也大跌，进口商品的标价可能全面上涨，形成恶性通胀。

20. 较长时间的物价温和上涨对经济发展带来好处；较长时间的物价下跌则对经济发展带来阻碍。

21. 如果处在温和通胀中，有问题也容易解决问题；如果处在通缩环境中，没有问题也会出现问题。

22. 增发货币太多是不好的，但收缩货币更不好，更不利于财富生产和更新换代。

23. 温和通胀最有利于社会的发展。通缩对后代是不公平的，温和通胀对未来、对后代才是公平的。因为温和通胀可以让原来的钱慢慢变得不值钱，时间久了，富人、穷人的差距才会变小；如果通缩，就是钱越来越值钱，那穷人就更难翻身了。

24. 产生通缩的原因，只有一个，那就是钱少。

25. 日本在广场协议后经济发展停滞很多年，关键问题不在广场协议，也不在日元升值，而在日本国内的货币紧缩政策。

26. 通缩有利于存款者和有钱不劳动的人，不利于贷款搞生产的人，不利于劳动者。通胀有利于生产者和有固定资产的人。温和通胀更利于经济发展。

27. 通胀时，若收钱，应收消费端的钱，其实更应该放钱，若放钱，则应放在生产端，生产端钱多了未来的商品就会增多，有利于压制中长期的商品价格。通胀时，应把存量的钱引导到生产端，或者新增一些钱投向生产端，可能短期物价还会涨，但中长期来看，会因为商品供应的加大而让价格下来。若物价上涨过快，在舆论上要压制消费，而具体操作应更多促进生产。不能通胀了就收货币，不管是生产端还是消费端的货币都收，结果往往是因为生产企业和银行的关系更紧密而导致生产端的货币收得更快，通胀也就很难缓解了。通缩时，应把存量的钱引导到消费端，或者新增一些钱投向消费端，可能短期物价还会跌，但中长期来看，会因为需求的加大而让价格上来。

28. 实物货币（金银本位）时代，容易发生通缩；纸币时代很难长期通缩，不行就印钱，想要多少有多少。

29. 一个阶段内，整体商品的涨跌，一般是由货币因素（宽松和紧缩）引起的，单一商品的涨跌，更多是供求因素引起的。

30. 货币和商品是跷跷板关系，实现的是动态平衡。一味说货币超发导致物价上涨，有问题。比如猪生病了死了一半，肉价就会大涨，这和当时货币量的关系不大。猪因为猪瘟死了一些，猪肉涨价了，这导致的 CPI 上升，严格来说不叫通胀，而叫“供应突然下降造成的物价上涨”。不能因此而改变宏观货币政策，更不能轻易加息，而应重点解决猪的问题。

31. 猪价高，不是 CPI 高，猪价是猪瘟导致的。货币供应太多，物价涨了，是通胀。猪死了，物价高了，不是通胀。这种通胀不能作为影响货币政策的重点考量，为了发展经济，该降准还得降准，该降息还得降息。（2019 年 12 月 27 日）

32. 不管是供应短期不足，还是需求旺盛、仓储意愿大而引起的物价上涨（通胀），都不应该加息收货币。而应鼓励劳动，鼓励生产，把引起通胀的对应的“货”生产出来，通胀就容易解决。而加息收货币则会增加生产者成本，打压劳动者的劳动成果，不利于生产量的加大，最多只是从现象上、数据上缓解了通胀问题，不利于从本质上、本源上解决通胀问题，其实就是治标不治本。

33. 通胀和通缩不能只看货币因素。价格上涨了可能是因为货币增加，也可能是因为生产不足；价格下跌可能是因为货币紧缩，也可能是因为消费不足。如果价格上涨是因为生产不足，应引导资金流向生产端，促进生产，若此时收缩生产端的货币，容易出问题。

34. 同样的货币量，在不同的领域消费，税收高低不同，货币流速不同，物价的涨跌也不同。比如钱流入政府部门、国企和流入私人企业对物价的影响是不同的（私人企业拿到货币后，进行扩大生产的积极性更大）。

35. 任何正常的国家都不会故意滥发货币，如果货币多了，造成或可能造成严重通胀，要么用市场方式回收，要么用行政方式回收。

36. 如果政府对经济不管不问，结果要么是通胀，要么是通缩，通缩的可能性更大。

（三十六）经济危机和经济不景气的原因

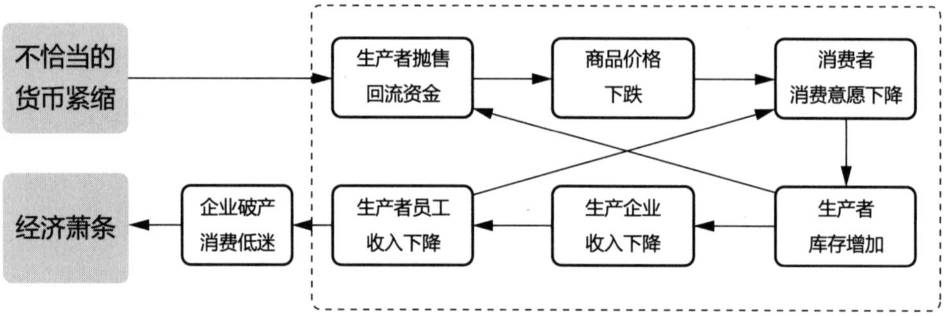

1. 宽松与繁荣相伴，紧缩与萧条相随。经济危机有两种：一种是恶性通胀（一般只在小国和末国发生）；另一种是过度通缩。（注：末国是指一个即将灭亡的政权或国家）

2. 过度通缩导致经济危机的情况是如此循环的：经济萧条——放松银根——提振需求——扩大投资——价格上升——企业盈利——产能扩张——经济“过热”——收缩银根——经济继续繁荣——减少投资——继续收缩银根——需求下降——物价下跌——企业利润降低——企业亏损、员工收入下降——银行坏账增加——经济形势恶化——居民收入继续减少——银行控制风险、抽贷限贷——消费水平下降、全面萧条开始……

3. 经济危机的表现是物价快速下跌，原因是商品产出多了，但货币减少了，消费鼓励又不够；经济发展的表现是物价缓慢上涨，商品产出不断增加，货币逐步增加，消费旺盛。

4. 不恰当的货币紧缩发生时，生产者不容易获得钱，就想着多卖货回笼资金，物价持续下跌，消费者的消费意愿下降（等物价跌得多一点再买），当生产者群体和消费者群体的预期一致性很强时，商品的销售就会出问题，正常生产就会受阻，企业收入就会下降，劳动者的收入随之下降，进而劳动者的消费意愿进一步下降，由此形成恶性循环，若不加以干预，会引发经济危机。同样的人群，同样的货币存量，在经济低迷时，如果大家都不愿意买房，房地产企业的效益就会下降，建材生产企业、施工企业、装修企业等单位的效益也会下降，这些部门的劳动者收入会下降，消费会下降，从而他们更不愿意买房，也减少了对其他领域的消费（比如餐饮、服装、休闲娱乐等），由此会形成恶性循环。

5. 一切危机的发生，都伴随调控者的决策失误。西方社会的经济周期，来自政府调控的失误。

6. 都是一个“老师”教的，经济好了就加息，经济不好了就降息，经济周期就是这么来的。

7. 西方传统经济学总是搞好了想办法搞坏，搞坏了想办法搞好，以此循环，形成所谓的周期。

8. 有些经济学家把经济危机看成是经济周期的必然组成部分，是规律，是必须发生的，认为经济危机对社会产生的伤害是不可避免的，把经济的衰退和财富的周期性损耗看作是必然的，把某些行业的破产看作是必然的，这是大错特错。自己没有好的方法预防问题，问题发生了又没有好的方法解决问题，最后得出的结论是：经济危机无法预防，经济危机必然发生，经济危机必然对经济造成大的伤害，甚至造成经济崩盘。这是自己的水平问题，思想问题。

9. “经济本身没有问题，是经济学有问题，才把经济搞坏了。”比如2008年经济危机是怎么产生的？此前，全球经济蓬勃发展，物价稳步上升，企业利润较好，扩大再生产。消费旺盛和企业扩建扩产，使得原材料价格涨幅较快，通胀问题凸显，刚好农产品歉收，通胀更加严重。这时用于指导西方政府的经济学推导出来的措施是不断收缩货币，压制消费，最终导致价格崩溃，经济危机。那时有大量的现实产出和潜在的未来产出，却用压制需求的方法试图解决问题，说是控制通胀、控制泡沫，只是一收缩，生产和需求马上就严重不匹配，很多产品没人要了，价格只能一降再降，大量企业减产、停工或破产，经济迅速滑坡。这是解决问题的方法错误，导致了更大的问题。并不是说原本的问题无法解决。后来温家宝总理推出的救市措施就是很好的，所以经济回暖就非常快，如果还是按照西方的经济学指导，那么经济应该低迷很久才能恢复。

10. 在缺货币的时候收货币，就像堵车了，本就缺路，结果非但不修路，还砍路，问题只会越来越大。

11. 在不恰当的时候紧缩货币，对一国经济的伤害是不可估量的。本来经济没有病或得的是小病，收缩货币搞成了大病，此时虽然治病还来得及，但要花大力气去治，而如果之前的方法对了，本可以不生病，即使有小病也很快就能药到病除。

12. 经济好好的，踩什么刹车？经济危机明明是因为收缩货币引发的，非要说因为是经济“过热”导致的，这就是不懂经济的表现。

13. 在传统的经济学理论指导下，通胀加速时，习惯于踩刹车，其实不用踩刹车，应当增加生产。当年日本一踩刹车，经济20多年没起来，安倍加了一点油门，终于好了一些。

14. 经济危机或经济低迷引发信用缺失，会导致货币流通速度下降，要增加货币进行对冲，若投放5000亿没有明显的效果，可能是因为信用缺失导致的“信用”货币减少量有1万亿甚至更多。

15. 经济萧条就是因为给繁荣踩急刹车，而不是繁荣之后必有萧条。不踩急刹车，在好好跑的车，不会自己停下来。

16. 经济危机是降温降出来的，但以前几乎所有的经济学家都没有意识到这一点。

17. “经济过热”即生产和消费繁荣时，可以不放水，但不能轻易收水。如果生产端不缺钱，可以不放水，而如果生产端缺钱，还收水，则容易引发经济危机。

18. 在物价上升时，消费能量是有所消耗的，如果这时再压制消费，需求下降得会更快，容易产生商品价格下跌甚至经济危机。

19. 有经济周期，是因为各国政策的犯错，因为各国都在进步，所以周期会变长。

（三十七）走出经济危机，保持经济繁荣

1. 所谓的经济周期，繁荣、萧条是可以调节的，就像春夏秋冬都可以种蔬菜一样，只要有大棚，只要知道保障生产的条件，并满足这些条件，生产就可以照常进行。

2. 没有管理或无效管理，经济会有明显的兴衰周期，而有效管理，则可以平滑周期甚至消灭周期。

3. 繁荣之后要避免萧条，繁荣之后应维持繁荣，追求更好的繁荣，而且这是能够规划能够做到的。

4. 经济周期的本源是政策周期，政策对了，经济就没有明显的周期，可以持续繁荣。

5. 周期是可以避免的，比如以前种地经常是旱三年涝三年，不旱不涝又三年，总有饥荒发生。而现在这个所谓的周期起伏已经烫平很多了，因为我们在种子、肥料、生产、水利等技术上解决了问题，大体做到了旱涝保收。

6. 我们要想办法把曲折的波动幅度变小。（经济的波动从左图变成右图）

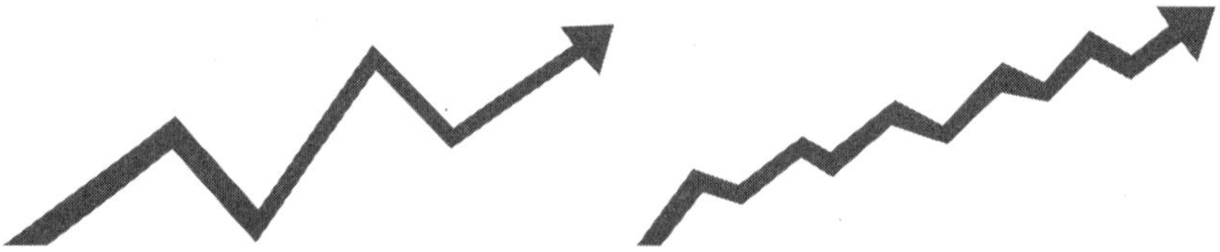

7. 很多人包括某些经济学家认为经济周期的循环是必然的，就是说经济危机是必然发生的。而我觉得经济危机可以避免，因为银根的放松和收缩是人为的，既然是人为的就是可以调节和调整的，如果这个环节可以调整，那么经济周期也就可以调整了。

8. 有些风险是防出来的，本来没有风险或风险很小，因为担心有风险，防范措施过头了，反而引发了风险。比如一个正常生产的企业，资产优良，投入较多资金到厂房和设备，产品销售良好，但银行对它防范风险的措施过头了，抽了它的贷款，导致它资金周转不了，无法有效开展生产，只能低价甚至亏损处理库存，于是风险就出现了。

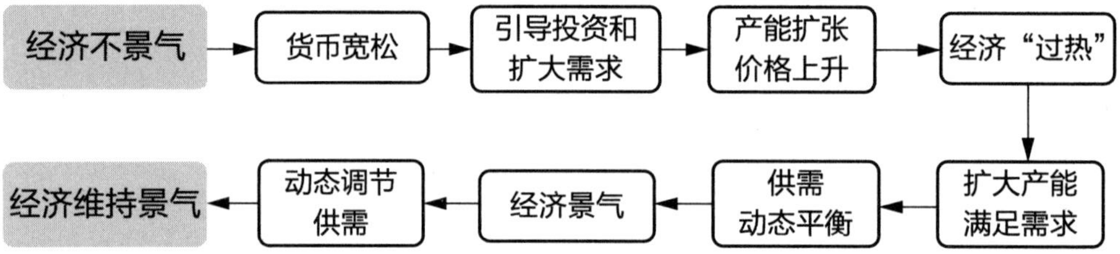

9. 如果银根的收放方式和货币的投向是正确的，将会出现一个新的经济周期循环，一个避免经济危机的经济循环：经济不景气——货币宽松——引导投资和扩大需求——产能扩张、价格上升——经济“过热”——扩大产能满足需求——供需动态平衡——维持景气——动态调节供需——维持景气

10. 丰收了就促进需求，歉收了就促进生产。可见，经济周期是可以平滑的，经济危机是可以避免的。减小经济曲线的波动，尽量做到经济发展的“旱涝保收”。

11. “繁荣之后必然走向萧条”，这种所谓的规律明显是错误的。白手起家时都能做好，现在有吃有喝了，反而经济会不好？只要方法得当，繁荣之后，可以继续繁荣。

12. 发展经济又不是害人，繁荣是好事，怕什么“过热”！

13. 绝不能简单相信周期论，要找出周期的原因，并烫平周期。

14. 饿了给馒头，冷了给衣服，经济不好了给钱，永远有效。全球央行都明白了，经济不好就放钱。

15. 面多了加水，水多了加面，水和面要匹配，这就是央行正在逐渐明白的道理。所以，经济周期可以化于无形。

16. 经济的病很好治，哪个领域缺钱，就向哪个领域针对性放钱。

17. 在危机或低迷时增发货币，更难形成通胀。因为在正常环境中，大量增发货币，即使把大部分货币投向生产端，建厂房、买设备、搞生产还要一段时间才能出产品，所以通胀可能短期内较高。而在金融危机中，刚好物价崩盘，货币发出去，物价涨一些，反而对经济有促进作用，同时各个企业因为主观上认为经济不好而不敢轻易涨价。

18. 如果很多企业担心经济不好，而国家不担心，那么经济可能会下行；如果企业担心经济不好，国家也担心，则经济可能不会下行，因为政府会出政策提升经济活力。

19. 所谓的企业家群体没有信心，那只是表面的、暂时的，只要给企业家发展机会和资金支持，他们马上就有信心。

20. 2008 年大家觉得经济完了，2015 年底大家也觉得经济完了，政策一出，钱下去了，经济就好了。2019 年，经济也没有问题。（2018 年 12 月）

21. 安倍经济学让日本的经济变好，超出很多经济学家的预期，但完全符合我的预期。地旱了就浇水，水浇够了，地自然就不旱了。有些时候不是放水不管用，而是水放得不够多。

（三十八）政府投资

1. 政府花钱干的事，是大家的事，比如修地铁、建高铁。个人花钱干的事，是小家的事。

2. 一家有一家的生产和消费，一国有一国的生产和消费，不能要求每个消费端都是盈利的。很多消费是为了提高生活水平、放松娱乐、休闲健康等，比如一些公共设施就属于社会消费。

3. 国家投资也是消费，只是消费的方面不同，**国家投资是公共消费。政府投资越多，经济发展越快。**

4. 中国公共设施、公共交通等，大家使用的成本极低，很多都是免费使用的，这其实也是社会福利。

5. 像上海、杭州、深圳这样的城市，市区特别是新开发的区域，绿化都很好，这一般是政府投入建设的，这些都是财富，是一个城市的居民共享的财富。

6. 国家投资基建，通过经营把钱收回来，钱是全民的。即便收不回来，基础设施还是全民在用。关键是，公共建设是否促进经济效率，是否改善人民生活。

7. 中国的基础建设世界第一，铁路运力大大领先于世界各国，全球一半的摩天大楼在中国。但我们基建还是不足，堵车的地方很多，再把路多建一倍、两倍才好，路也不堵了，车也多卖了。

8. 搞基建，高铁是龙头。现在单单山东省已有四条高铁在建，即将新开工六条高铁。几年后，中国不只是高铁，整个铁路系统都将是全球第一。以后中国每个地级市，都会有高铁。（2018 年 8 月）

9. 在可以预见的未来，中国各个主要城市之间用高铁高效连接，一个城市内则用地铁高效疏导，同时高铁和地铁也可以连接，由此一定程度上较好解决交通问题并且提升社会运转和财富创造效率。

10. 每个地方政府都想高铁建在自己管辖的范围内，因为高铁修在哪里，钱就投向哪里。理论上来说，钱应该投到产出效应更好的地方，实际上大部分情况也是如此。

11. 扩大基建，能衍生出大量的生产和消费，对经济有很大的促进作用。

12. 政府不去投资，社会工作岗位不够，我去打麻将了，你去打麻将了，社会财富增长缓慢；国家去投资了，大家有活干了，有钱赚了，乐于消费了，经济良性循环就形成了。

13. 某个产业需要 200 亿的钱完成更新换代、扩大生产，但是社会只有 100 亿的钱愿意流过去，与其效率很低地去引导另外的 100 亿，还不如政府直接新发 100 亿投入到该行业。

14. 不是我们不想更快发展基建，而是水泥、钢材的产量不够。

15. 扩大基建是补短板，基建肯定是利民的，这方面我们还有很大的不足，发展空间巨大。

16. 五一期间，高铁座位几乎全满（有些班次还买不到票），飞机几乎全满，高速公路堵车，这说明经济好、消费旺，也说明交通设施不够，还需要扩大基建补短板。（2019 年 5 月 4 日）

17. 公共交通、公共设施收费低，这是国家对人民的关怀。

18. 国内不少城市“交通欠账”，公共交通方面还有很大的需求没有得到满足，修桥建路的空间非常大。新加坡人口密度大，为什么堵车少？因为公共交通发展，人们开车少。

19. 公共设施，不适合私人拥有，所以美国的高铁发展不起来。

20. 事实证明，不少服务民生的公共性事业，私人企业做不了，还是要追求公共利益、不求短期利润的政府或大型国企去做。

21. 国有企业不能完全政企分开，因为国企是稳定社会的重要根基。比如国家电网，为什么这个企业一定要赚大钱呢？不一定。西部的一些村子，输电过去肯定是亏的，有些特别偏远的地方甚至可能每输一度电就要亏几十元、上百元，因为亏损就不给那里的农民输电了？比如铁路建设，可能建铁路亏了，但整个社会的效率提高了，从综合产出来看，赚得多的去了。

（三十九）政府举债、债务问题

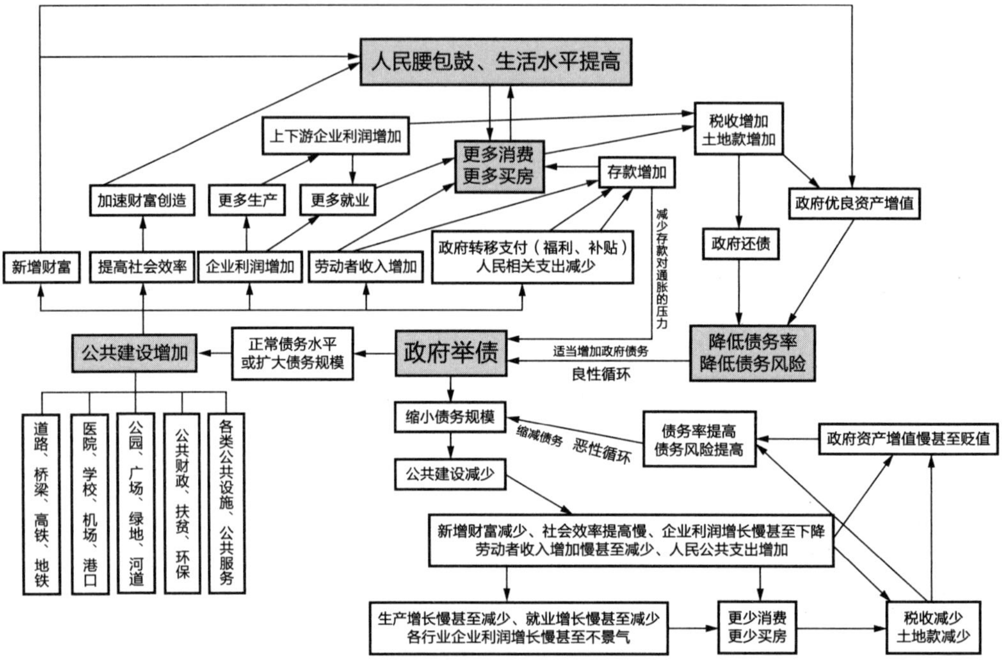

1. 政府贷款，用于修桥、建路，用于高铁、地铁建设，用于水库、广场、公园、绿地等公共设施和公共服务的投入（本质上是对全民的福利和补贴）；过程中整个社会新增了大量实实在在的财富，相关企业有了更多业务可做，大量劳动者有了新增工作，企业利润增加了，提供更多工作机会，劳动者收入增加了，消费和生活水平提高；而在建设、消费、企业和个人买房等环节中，政府增加了税收，增加了土地款收入，即政府收入增多，进而可以再投入到为全民服务的建设中；为全民服务的建设越多、越快，整个社会的运行效率就越高，财富生产的速度就越快，人民的获益就越多。

2. 人民需要一座桥、一条路，政府借钱修桥建路，过程中劳动者赚了钱，路和桥人民免费使用或低费用使用，怎么说都是人民受益。

3. 政府举债修桥、建路，是政府公共消费，建设成果由大家免费使用或低价使用，可以起到货币流动性的调节作用。如果银行放贷积极、企业贷款积极、超前消费的人多，政府举债的量就可以少一点，反之，则举债的量要多一点。

4. 先投资，再收获。企业的收益靠的是赚价差，而政府的收益一方面由税收、土地款等直接体现，另一方面则由整个社会运行效率的提高、财富的增加等间接体现。

5. 政府发的债，就像是麦种，种子播下去越多，将来的收获就越多。

6. 中国政府的债务和后续的收入成正比，债务越大，社会效应越强。

7. 政府欠的债越多，经济发展越快。在经济发展过程中，没有政府这只手是发展不下去的。理论上人们把劳动所得的收入都花了，刚好可以消费劳动的产出。因为人们总想着存点钱以备不时之需，所以劳动的产出就会比消费多。这时就需要国家来消费，政府投资进行修桥建路、建学校公园，其实还是大家享用，这部分公共建设相当于是人民消费、政府买单。而如果大家都敢于消费，那么国家就减少投资，总体保持整个社会生产和消费的动态平衡。

8. 有句话是这样说的“政府负债多，人民腰包鼓”，意思是说政府投入大量资金建设免费的公共设施或收费低廉的高铁、地铁让人民使用，人民使用这些商品和服务少花了钱，省出来的钱就能在其他领域多消费。

9. 政府欠那么多债，企业欠那么多债，搞基建、发展生产，很大一部分钱无非是被我们劳动者赚去了，劳动者有钱了，消费就起来了，经济就能较好发展。

10. 企业和个人举债，直接或间接用于生产，国家举债，直接或间接用于公共建设，这些债务都没有风险。表面上是举债，实际上是投资，由这类举债带来的社会财富的增量远大于债务本身。

11. 政府举债比发钞更好，举债借走的是社会存款，把社会闲置的资金用起来，过程中生产实实在在的财富，财富多了，通胀压力就小了。

12. 收缩政府贷款，是收货币的一种形式，可能会造成社会财富创造力的下降。若政府的贷款大幅减少，不少企业的业务就会减少，较多劳动者的工作就会减少，企业利润少了，为社会创造的就业机会也就少了，劳动者收入少了，消费也就少了，由此反而会带来风险。

13. 中国政府没有债务风险。因为政府投出去的钱，收得回来。政府投资修一条路、建一座桥，投入的资金不一定要从这条路上、这座桥上收回来，即这条路和这座桥不一定要产生盈利。一方面，政府在修路建桥过程中，生产卡车的企业、生产挖掘机的企业、生产水泥的企业、生产钢材的企业……收入增加了，参与劳动的劳动者收入和消费增加了，政府的税收就增加了；另一方面这条路和这座桥，提高了人们的出行效率、工作效率、劳动生产效率，对经济发展有推动作用，可以带动较多行业的发展。计算政府的投入产出，要从整个社会的角度去算总账，而不是从某个项目上算单笔账，政府修路建桥的效益远大于投入。

14. 中国政府没有债务风险，因为政府有大量的优良资产。在中国，政府拥有超级大量的资产，社会的主体财富本质上是国有的；在西方国家，社会的主体财富是私人的，政府拥有的资产较少。中国政府的负债，相比中国政府的资产，比例是很小的，从这个角度来说，没有债务风险。好比说 A 家庭有 1000 万资产，负债 200 万，B 家庭有 100 万资产，也负债 200 万，那么 A 家庭的负债是没有风险的，而 B 家庭的负债则风险很大。中国和西方国家的资产规模、经济运行机制有较大不同，不能简单类比，即便比较，也是西方国家的政府债务风险高于中国。

15. 有专家说中国政府、企业、家庭的债务过重，甚至有人认为债务太重是国家掏空了人民的利益，导致经济动力不足、消费下降。这样的说法根本没有弄清本质。有没有债务不是关键，有没有财富生产才是关键。

16. 杠杆率高，说明两点：第一，贷款太多，第二，自己的钱太少了。

17. 如果个人负债高、企业负债高、政府负债高，这说明货币投放少，应投放更多的货币，让企业有更多的业务做，有更多的利润，让劳动者收入更高，所谓的杠杆自然就降下去了。

18. 去杠杆的办法不应是收贷款，而应是让借钱的人通过劳动赚钱。让欠债的人有活干，让欠债的企业有业务做，赚了钱还了债，杠杆就去了。欠债的人多，说明他们没钱，这时不应收他们的贷款，而应让他们有活干，有钱赚。

19. 要去杠杆，其实就只有一条路：扩大老百姓和企业的自有资金。一方面，让企业多赚钱；另一方面，让居民收入增长。

20. 中国国有企业的负债较多。一方面因为国企承担了更多的社会责任，另一方面是国企替政府负债进行公共建设。比如中国铁路总公司负债较多，但高铁的建设和通车方便了亿万人，大大提高了社会运行效率，产生的衍生效益非常巨大，虽然这些衍生效益没有记到铁路总公司账上，但从整个社会的经济来看，肯定不是亏了，而是大赚了。

21. 只要生产正常，财富就在增长。所谓的债务只是数字问题，凡是数字都是可以抹掉的，而生产出来的财富是切切实实存在了。

22. 钱在本国政府、企业、国民之间流动，不管怎样流动，问题都不大。

23. 有欠债的，就有发财的。有人有多余的钱，才能借得出钱。

24. 地方债、企业债、家庭债，担心了那么多年，说什么坏账高了、债务上限到了，可中国经济还是好好的。本来就没事，不用过度担心。

25. 中国哪来的政府债务危机？纯属无稽之谈，稍加调控，即可解决。

26. 有主权货币的国家，不会破产，千万不用担心政府债务、财政赤字。

27. 为了发展经济，政府债务会越来越多，没有头。国家有印钞权，不用担心政府还不上债务。

28. 看国家的事，不能从个人和家庭的角度出发。政府欠债，只要不是国际外债，那哪叫债？造币公司都在政府手里！

29. 银行是国家的，欠债的人是中国的，所谓的债务问题是内部问题。要解决内部问题，不难。内部的事，哪会出大事？所谓的中国各个方面的债务危机，根本就不存在。

30. 美国的债务问题，美国政府想解决，也不难。

（四十）企业盈亏

1. 经济的好坏不能只看企业的利润高不高、收入高不高，应主要看生产量大不大，只要生产量大，经济就没有大问题。财富在增长，经济就在增长，利润的多少只是记账数字。

2. 企业生产1000万吨盈利10亿，生产1500万吨亏损2亿，对企业来说，应该是前者更好；而对国家来说，只要产品是好的，是社会所需求的，那么应该是后者更好，因为生产1500万吨给社会创造的财富更多，对人民来说也可以获得更多，国家只要体系内调节一下，适当补贴该企业就行。

3. 投资办企业，只要经营是合法合规的，哪怕结果是亏的，也有社会效益。企业可能亏了甚至最终破产了，但过程中创造了就业，促进了消费，也必然会有一部分物质财富和精神财富留存下来为他人使用和借鉴。企业家和股权投资人是有社会价值的，是有正能量的。

4. 让企业债务率下降的最佳办法是让企业更好地盈利！比如一个企业有2亿资产，1亿负债，它的负债率是50%，如果这个企业利润很好，资产增长到了3亿，债务还是1亿，那么负债率马上就下降到33.3%，企业的经营风险大幅下降。

5. 想要让企业盈利，这个不难。减税＋扩需求，企业生产积极性上去了，产品又好卖了，自然就赚钱。

6. 部分企业亏钱就说经济不好，这是不科学的。经济好不好，要看生产量大不大，消费量大不大。

7. 企业在发展，有效生产量在增长，经济就在发展。一国之内，企业亏了，就是消费者赚了，企业和消费者在一个锅里，锅里的东西越多越好，谁多分点谁少分点，不是大问题。

8. 如果企业在亏损生产，并且产品都卖出去了，那就是企业的老板在倒贴钱给消费者和劳动者。

9. 即便企业在亏损，但如果生产量大、库存低，就不要相信经济不好、需求不好。

10. 有时候，一个企业生产了很多商品，也卖掉了，但却亏损了，甚至亏损很多，为什么？其实亏损只是账面数字的亏损，是企业个体利润的损失。对整个社会而言，财富并没有损失，财富反而是增加的。价格不等于价值，价格只是商品的标价而已，实际创造多少价值是由企业生产多少财富决定的，而不是标价决定的。相对于销售额，销售量更接近财富本身，销售数量和质量决定财富的量。在一个行业艰难时，国家为什么要补贴它，而不是让它自生自灭呢？因为这个行业在为社会创造着重要的价值。

11. 我们做制造加工，看上去利润少，但我们建了那么多工厂，有那么多就业、税收，衍生出大量消费，并不吃亏。

12. 有企业倒闭，也有企业新建，有店面关门，也有新店开张，这些都是正常的。

13. 我们要分清楚，某个企业经营不善是因为缺钱还是因为缺生产创造能力。如果是缺钱，政府想办法给它钱，问题就解决了；如果是缺生产创造能力则主要靠企业自己解决。

14. 如果企业的生产在加大，产品都被消费掉了，但因为售价低，企业是亏损的，这时应想办法把价格提升去一点，让企业有利润，才能保持生产积极性，来保持财富创造的可持续性。

15. 产品质量是好的，在正常生产的企业，如果亏损了，那是在交换过程中的财富转移造成的。这样的企业账面亏损只是表象，真实的财富是增加的。这类企业把创造的一部分财富转移给了别人、别的经济环节，整体社会并没有亏损，只要这类商品对社会有用、社会的需求还没有得到充分满足，就应当对它们适当补贴，以便于维持生产。

16. 如果一个行业大部分企业都亏损，钱亏到哪里去了呢？“亏”到了其他行业，“亏”到了老百姓的口袋里。比如鸡蛋的成本是 3 元 / 斤，因为一段时间内生产量偏大，导致价格跌到 2.5 元 / 斤，那么相当于我们大家买鸡蛋时每斤“赚”养殖企业 0.5 元。只要是内销产品，周期性的盈利和亏损都没有大问题，因为即便一段时间里亏了，对全国来讲，财富也没有减少。

17. 生产者亏损，财富并没有变少，只不过一部分劳动价值在交换的过程中免费转移到了消费者手中。由此，生产者拿到的劳动凭证就会不足，而消费者的存款会变多。如何解决生产和消费的不协调，一方面市场会自动调节，比如一段时间内苹果偏多，梨偏少，一部分生产者会自动转去种植梨；另一方面则可以由政府引导，比如水果的生产量比较充足了，而蔬菜的生产量不够，政府可以补贴蔬菜种植者，引导更多人去种蔬菜。

18. 某个行业亏损，产品价格便宜，消费者占了便宜，此类消费支出变少，存款变多；而在买房、买豪车、买奢侈品时支出较多，政府财政收入增加，进而补贴到特定的群体和企业，比如补贴给种地的农民，补贴给关系国计民生但亏损的企业。

（四十一）全产业链的好处

1. 产业齐全的国家，不用担心有些行业盈利，有些行业亏损。这个行业水多，那个行业水少，政府从这里舀两瓢水放到那里即可。

2. 小国的重要问题是：产业不健全，不能实现内部循环，容易受制于人。

3. 委内瑞拉国内的产业不全，过分依赖于一两个行业，经济容易出问题。俄罗斯虽然是大国，但产业也不齐全，当石油这个行业亏损时，相当于是把钱亏到国外去了，国家就容易出问题。而中国的产业齐全，某个行业亏损了，其他更多行业还是赚钱的，亏损的行业往往钱也是亏在了国内，整个社会的财富还是不断增加的。

4. 一个国家所有的行业是一个大系统，各个行业相互协调，一个行业亏损，使用其产品和服务的相关行业效益就会提高。上下游行业是一个大链条，如果生产铝的行业全面亏损，不生产了，那么房子可能就没窗户了（铝合金窗），政府可以适当补贴铝的生产企业，可以调节产能和产量，可以引导生产和消费，弥补市场的缺陷，防止局部失灵。政府管理和市场竞争的二元融合，共同发挥作用，可以让整个链条每一个环节都比较牢固，不能因为一个链条的不牢固而使整个链条出问题。小国家可能会因为链条的一个环节出问题而导致全面性问题（比如小的石油出口国），产业齐全的大国则不容易出现全面性问题。

5. 一个大国的经济有内部循环的功能，局部企业的盈亏不用太担心，更重要的是看整体的效应。某个企业生产的商品卖得太便宜，企业亏损，导致银行坏账，但消费者买这个企业的商品时少花了钱，省下的钱用于购买其他商品，用于休闲娱乐，用于买房买车，从而提高了其他企业的利润增长，也促进了国家的税收和土地财政收入。政府定向补贴环保达标、质量达标但亏损的企业，企业还银行贷款，并且继续生产，企业创造了财富，银行减少了坏账，消费者享用了商品，社会整体效应良好。

6. 经济中的各行各业不是单独的，“一枝动而百枝摇”，一个行业增长 20%，不只是它在增长，上下游多个行业必然都在增长。

（四十二）造成贫困的原因和走出贫困

1. 公共设施差、生产能力低、劳动效率低，给人的印象就是这个国家或地区贫穷落后。

2. 穷的原因是物质财富匮乏，物质匮乏的原因是没有生产能力，只要让社会具备充分的生产能力，大部分人都能从贫穷走向富裕。

3. 贫穷的本质是物质财富和精神财富数量少，而不是价格问题，数量够了，大家都能拥有，标价多少不重要。

4. “因为人多，所以穷”，这肯定是错误的。穷肯定不是因为人多，有人才会有财，财是人创造的，人多财多，人丁兴旺才有更多的财富创造。

5. 非洲的津巴布韦、刚果金等国大量的劳动力闲置，这是当地贫穷的主要原因。中国人过去建厂房、搞生产，创造了就业，人劳动了，财富就能产出，生活就会改善。

6. 一个民族，如果有储蓄的习惯，有获得更多财富的欲望，就能较好地维持劳动的动力，增加财富的创造。温带和寒带的民族，需要储藏粮食过冬，千百年来就养成了多劳动并把节余财富保存起来应对不时之需的习惯，而亚热带、热带的民族则一般没有这样的习惯。当全球一体化竞争时，前者有相对优势，所以大体上，温带和寒带的国家比较富裕，而亚热带、热带的国家则比较贫穷。

7. 有些地方没有钱，比较贫困，往往是因为“晒太阳”的懒人太多了，想办法把“晒太阳”的懒人拉去劳动，让他们有活干，并且有持续的动力干活，财富的创造就会越来越多，不管是个人、家庭还是一个区域就能变得越来越“有钱”。

8. 农民如果除了种几亩地就没事干，闲着，自然会穷。没有生产，就没有财富。关键是发展生产力，可以就地办钢厂、水泥厂、纺织厂、服装厂。穷的原因是生产力没有发挥出来。钢筋水泥生产多了，农民自然能住上新房子；衣服生产多了，农民自然都能穿上新衣服。

9. 消灭贫困的最佳办法就是让贫困者去劳动，搞生产，政府要直接组织或促进企业去组织有劳动能力的人从事各项劳动。有些贫困地区，人民是有劳动积极性和吃苦精神的，缺的是资金的投入，把钱投到生产端，生产起来了，财富就能产出，人民就能脱贫致富。国家带头投钱，企业跟着投钱，财富是人创造的，财富是投钱推进创造的。改善贫困地区人民的生活水平，需要政策导向。

10. 古代的以工代赈是好思路，把灾民变成劳动者，灾民通过劳动获得报酬，不至于饿死，社会又增加了物质财富，灾民受益了，国家也没受损。

11. 如何有效组织落后地区的劳动创造？引入资本、引入技术，提供土地和劳动力，适当管理和奖惩，先发展制造业，再发展服务业。

12. 扶贫应该扩大生产，建企业，让贫困地区的人民去工作，去劳动。劳动创造财富，为贫困百姓创造持续劳动的工作岗位，他们就能逐步致富。这样做能够真正扶贫。

13. 让真正懂的专家去调研各个贫困地区适合什么类型的产业，是种植养殖，还是厂矿企业。再整合资源，让有资金、有技术、有生产能力的企业去建厂组织生产。生产上去了，财富创造出来了，当地自然就会脱贫致富。

14. 脱贫致富就一招，“发展生产，创造财富”。吃不饱，就是粮食少，应加大粮食生产；穿不暖就是衣服少，应加大纺织服装生产。

15. 乡村没有好的工作机会，人才会流出；乡村有了好的工作机会，人才就能留住。

16. 引导大学生到基层、到乡村工作，人才去了，要有发展的空间。发展空间来自农村相关产业的走向繁荣。

17. 在城市中，现在的农民工和市民过的是两种生活，以后尽量要缩小两者的差距。

（四十三）富人和企业家的作用

1. 总体上来说，旧社会，富人阶层对社会有害；新社会，富人阶层对社会有利。旧社会，富人浪费社会资源；新社会，富人发挥社会资源。

2. 现在的社会，老板的工作强度往往比员工大。

3. 企业家是能人，企业家对社会效率的提高贡献很大。

4. 娃哈哈生产的水，全国人民大家喝；万达盖的商场，便利大家去购物；吉利造的汽车，大家可以开。财富生产出来了，就是大家的，不是你的我的，都是中国的。

5. 财富适度集中不一定是坏事，只要钱在他手里能为社会的发展贡献更大，就是好事。一个人财富的拥有量超过了生活所需，他的消费是有限的，钱再多也只是管理财富而已，最终财富是全社会的，他的管理水平越高，全社会受益越多。少数人拥有较多财富，他们没有占用流动性，钱还是在银行，谁有需要有本事都可以向银行借钱。

6. 只要在为社会服务，富人再富也没事，他在推进社会财富的创造，在促进社会进步，他创造的财富本质上是为全社会服务的。只要资产留在国内，钱就是一家的。

（四十四）贫富产生的原因，适当的贫富差距有利于社会发展

1. 如果大家都在劳动生产，那么贫富的产生主要是因为“交换不公”，是不等价交换造成的。

2. 价格围绕成本波动，大部分时间在成本之上，少部分时间在成本之下，价格是在成本基础上结合供需的反映。财富转移在交换中实现，同样的劳动产出不同的商品（或服务），因为不同的商品供求状况不同，价格就有高有低，商品交换时有人占便宜、有人吃亏，如果长期如此，贫富就产生了。

3. 如果劳动力闲置，不去生产创造，也会造成贫困。一个地方穷，往往就是缺乏一个好的组织者，组织大家去高效劳动，缺什么就生产什么，或者生产擅长的商品去换需要的商品。如果能有效组织，大家都劳动起来，社会的面貌很快就会改变。

4. 社会不能过度平均化，适当的贫富差距有利于社会发展，有贫富才会有竞争意识，想赚钱想过好日子，就要更加努力劳动或者进行更多的创新。

5. 在物质没有极大丰富之前，微观上人与人之间有一定的差距，人才有干劲。

（四十五）分工

1. 只要有那么多人，就会有那么多的工作岗位。农民进城了干什么？好像想要干活的都有活干，只要愿意劳动的，都有钱赚。上海人口 2400 多万，也不见有多少闲人。人类不同于动物，人类有社会属性，本身就需要

互相服务、分工协作。

2. 不要怕农民工进城，不要怕农民成为市民，他们进城后自然会有工作，自然会创造财富。只要人有生存和发展的需要，就要消费，农民工可以服务城里人，城里人可以服务农民工，农民工之间还可以互相服务，一方面社会分工可以自然而然产生，另一方面政府再有一些引导，就能让进城的农民工充分就业、充分创造财富。

3. 政府就像是一艘大船的总舵手，整个社会的劳动组织者是政府。政府本身是社会分工的一部分，同时政府又能促进社会分工，进行劳动创造的有效组织，提高财富创造的效率。能有效组织劳动和分工的政府，才能带领社会走向富裕，带领人民走向幸福。

4. 送快递的 10 个人，可能节约了 100 个人甚至更多人在购物、消费上的时间，同时也促进了这 100 个人甚至更多人的消费频率，这对社会综合劳动效率的提高以及消费的促进是有较大帮助的。快递小哥一定程度上促进了经济的发展，了不起。

5. 一个行业财富生产多了，也会促进其他行业的发展。因为这个行业的商品供应多了，价格就会相对便宜，人们在这方面的支出所节省的钱可以消费在其他行业。比如原本 20 万的车，卖 15 万了，省出来的 5 万可以买冰箱、彩电，也可以用于小孩子的教育，这样一来，家电行业的收入和老师的收入会增加，这两个行业会因为汽车生产量加大而变相受益。

6. 十年后，体力劳动的供求会更紧张，缺体力劳动的现象会更多。（2018 年 12 月）

7. 经济大发展后，保姆会越来越贵，直至消失，由机器人做保姆。当然，社会还会有更多的工种创造出来，人们有互相服务的多重需求。

（四十六）技术进步和创新

1. 玉米用良种亩产就高，织布用先进的设备每个纺织工人的生产率就能提高，由此解放出来的劳动力就能去当教师、医生、护士等人手不够的工作。经济发展有赖于技术进步、生产效率提高，历史上的经济大发展就是如此，正如邓小平所说的“科学技术是第一生产力”。

2. 效率是决定财富量级的根本，能正面提高效率的人、技术、方式，都是有价值的。高铁提高了交通效率。发明纺织机和挖掘机的人创造了大量价值，创新了更好的商业模式和应用的人也创造了大量价值。马云比一般人富裕，是因为他直接提升了交换效率，间接提升了生产效率，创造了大量的价值，其财富是其以前、现在和未来创造价值的兑现。

3. 目前国有企业的劳动效率也比较高，其管理、技术、理念、奖惩都进步了，国企央企的市场化程度也比较高，甚至公务员、国家干部的劳动效率和劳动强度提高较多。不要认为凡是国有的就是低效的。高铁每天开这么多班次，除了天气因素，鲜有误点的，这说明只要想管好，国企央企的效率是可以很高的。

4. 高铁等技术革命，大大提高效率，将推动世界经济的第三次腾飞。

5. 以前两条腿走路时都好好的，现在都坐高铁了，怎么不行？以前用铁锹挖土也可以过日子，现在用挖掘机了，怎么不行？

6. 交通，宽泛来讲，也属于交易环节，货物运输效率的提高是一方面，另一方面人们出行效率的提高更重要，因为人是有创造性的。坐普通列车需要 3 小时，坐高铁只需 1 小时，节省出来的 2 小时具有巨大的价值，节省的不是一个人两个人的时间，而是所有坐高铁的人的时间，由此衍生出来的社会效益非常大。

7. 运输能力强了，物流畅通了，荒山变果园。本来种了果树，结了果也运不出去，要烂在地里，现在则可以通过快速便捷的物流网络全球共享。

8. 有了支付宝、微信支付以后，银行的转账服务、窗口服务的压力大大下降。银行可以腾出手来做更重要的工作，有利于金融系统的发展和创新。

9. 线下超市、线上购物、外卖等促进消费，消费多了又促进生产；越来越便利的购物，还节约了消费者的时间，省出来的时间可以用来干其他事，比如生产创造、休闲娱乐、家庭互动、学习提高等。

10. 创新是需要指挥和勇气的，很多事情回头看很清晰，往后看则是一头雾水。马化腾也曾不看好自己的企业。一个新兴行业，很多企业进入，哪一家会成功，事前很难看出来。

11. 现在科学技术、社会面貌变化很快，基本上三年就会有大变化。

12. 机器越来越多，并且功能越来越强，越来越智能，效率在不断提升。有人担心生产效率的提高会带来大量的失业，这是不用担心的。只要经济在发展，新的劳动岗位会不断出现，现在我们的经济比以往任何年代都好，但我们的就业率反而更高了。收割机大大解放了农民的劳动时间，也没见农民大量失业，实际上现在某些行业还缺农民工。中国的经济在持续发展，还有大量的地方需要劳动创造，不管是体力劳动者还是脑力劳动者需求量依然非常大。即便因为效率的提高，让某些人空闲了一点，那也未必是坏事，他们闲了，消费就多了，娱乐就多了，就需要更多的生产，创造更多的就业。比如现在的年轻人相比以往，劳动强度是下降了，空余时间是多了，他们看电影、打游戏、旅游、出去吃饭的时间多了，由此游戏产业、电影产业、旅游业、餐饮业等行业需要的劳动力就多了。

13. “智能化”加速后，生产效率会大幅提高，消费也会上去，我们的生活会更好。

14. 机器最大的问题是不会主动思考，只会根据人设计好的程序运算和执行。阿尔法狗和挖掘机的本质是相同的，机器解决的是一部分重复劳动的问题，不同的是法尔法狗部分解放了人的脑力劳动，挖掘机部分解放了人的体力劳动。机器可以提升人的力量和效率，但不会创造性思考。洗衣机洗衣服的效率比人高，但机器自己不能发明洗衣服的方式，只有人能够发明。人脑是第一要素，机器再厉害也只是第二要素。机器是人类的工具，是人体的延伸，有的是脑的延伸，有的是手的延伸。

15. 为什么货币增发，工资上涨，但这些年来棉花的价格没怎么涨，那是因为劳动生产效率的提高，单产提高了，机械化铺开了，生产同样多的

棉花用工用时都变少了。（2017 年 5 月 1 日）

16. 目前的科技水平发展很快，劳动效率还有很大的提升空间。

17. 就目前的科技发展水平而言，服务业效率的提升空间小，工业化生产效率的提升空间大。

18. 科技水平的提高、管理水平的提高、教育质量的提高、交易效率的提高等，都能促进劳动效率的提高，劳动效率的提高则能够促进财富的创造。劳动效率的提高对应的是商品生产的增多，由此可以稳定物价，甚至让物价下降。假设以前一个人每天生产一部手机，现在每天生产十部，那么手机的价格就容易下降；而以前一个人每天为十个人提供理发服务，现在还是十个人，那么理发的价格就不容易下降，反而容易上涨。

19. 以服务业为主的国家经济发展慢，这和不能较好地促进劳动效率的提高有关，因为较多服务业的效率很难大幅提升（比如理发、家政）。

20. 国家调控的方向，应是有利于“先进”的生产，有利于科学技术的创新，有利于财富的创造。

21. 落后的生产线应该全部换掉，这不是浪费，改革开放总设计师邓小平说了“科学技术是第一生产力”。老设备 50 个人生产的产品，新设备 5 个人就能完成，多出来的人要么增加产量，要么到其他行业服务，比如到健康行业、医疗行业或其他服务行业。

22. 只要重奖环保达标的企业，污染企业自然会被淘汰。只要重罚盗版侵权行为，知识产权、科技创新自然会更有价值。

23. 要鼓励生产技术的更新换代，去的是落后产能，留下并发展先进产能，由此“去产能不去产量”，先进产能减少的用工人数可以调节到其他更需要人手的行业去工作。

（四十七）互联网和移动互联网

1. 有人说互联网电子商务会导致很多人失业。我想，这个问题要理性解读。古时候，即便人人种地，人人纺织，也不容易吃饱穿暖。只有提高劳动效率，把种地的、纺织的解放一部分出来，让他们盖房子、造车子、开理发店、做医生护士，进而再解放出来搞拍电影、画画也行。会不会失业，是个人自己决定的，自己不想干，工作岗位再多也会失业，自己想干，就会有足够的岗位让我们干，没有岗位了，还可以创造新的岗位。人类的创造力是无限的，随着劳动生产力的提高，新的行业会产生，新的岗位会产生，社会分工会更细，行业发展会更快，物质和精神财富的创造会越来越多，人民的生活会更加富裕。

2. 用手拔麦子，一人一天可能收获 0.5 亩；用镰刀割麦子，一人一天可能收获 2 亩。有了镰刀之后，失业的人更多了吗？没有，是生产效率更高了。镰刀是工具，互联网也是工具，镰刀是手的延伸，互联网是脑的延伸，工具的作用都是节省时间、提高效率、促进财富创造。合法合规的互联网创新都应鼓励。

3. 互联网的发展，变相节约了社会成本，提高了劳动生产率。如果从体力劳动中解放出来的工人变多了、农民变多了，政府可以引导他们去做服务员、理发师、厨师、司机、老师等岗位，社会上还是有很多岗位是缺人的。

4. 互联网和移动互联网的发展是为衣食住行等实实在在的需求服务的，是为了提高效率、节约成本，不能脱离现实。

5. 有人说互联网金融是泡沫，对实体经济弊大于利。我认为互联网最大的价值是节约时间和提高效率，比如用手机支付就不用去银行排队，银行节省了门面，储户节省了时间，这都有利于更多财富的创造。

6. 需求好，消费好，和手机支付、互联网发展有一定的关系。现在买方和卖方时时刻刻都在“商场”，可以随时随地“做生意”，点一下手机就可以完成交易，效率大增，消费大大提升。消费好，反过来生产也会跟上。

7. 交易环节是生产端和消费端的桥梁，商人和商业都属于交易环节，物流属于交易环节，众多的互联网功能应用也属于交易环节。假设去商店购物需要 1 小时，在互联网上购物只需 10 分钟，那么多出来的 50 分钟可以进行劳动创造，可以用来休闲娱乐，也可以带小孩、照看老人，促进家庭和睦，这就是交易环节效率提高带来的好处。目前，科技水平不断进步，交易环节效率的提高仍有较大的空间。

8. 从经济角度来说，马云和马化腾都是伟大的，他们创立的企业方便我们购物、支付、沟通、贸易，大大节约了我们的时间，促进生产和消费，促进财富创造和经济发展。购物、支付和贸易方便快捷了，你买我的，我买他的，他买你的，钱的流通变快了，过程中货币的总量可能没有变多，但财富总量的创造变多了。

（四十八）公平和分配

1. 商品交换，一般不是等价值交换的，所以才会出现财富转移的现象。

2. 国际之间财富如何分配，公平程度多高，和国家实力、国际博弈、社会制度、行业特征、岗位作用、个人差异、社会需求、贸易规则、汇率等方面相关。原油 150 美元 1 桶时和 26 美元 1 桶时，价值是差不多的，但标价相差极大，一项商品在不同时段的价值重估是正常现象。

3. 美国创造 10 份财富，得到的可能是 12 份，中国创造 10 份财富，得到的可能是 8 份，因为美国可以用军事强权、金融强权掠夺全世界。随着时间的推移，中国的强盛，美国创造 10 份财富，得到的会下降到 11 份、10 份，中国创造 10 份财富，得到的会上升到 9 份、10 份，中国人民创造财富后，所分配得到的财富也会有所提高。美国现在财富多，一方面靠本国劳动所得，另一方面则是把大量国外劳动者创造的财富转移过去；中国现在的财富多，靠的是本国劳动者的财富创造。

4. 没有绝对的公平，只有相对的公平，暂时的不公平也是发展的动力。

5. 强调劳动的同时，也要强调分配，但具体如何分配，一般以劳动力的供求还有政府的引导为依据。比如，以前刷墙的工人一天 10 元、白领一天 50 元，现在刷墙的工人一天 500 元、白领一天 200 元。

6. 很多时候，各个城市统计的人均收入是低估的，因为中国人工资收入以外的各类收入还是比较多的，这是事实。

7. 社会要更公平，但不能平均性公平，一次分配更讲究效率、二次分配更讲究公平。

8. 收入的提高，主要靠劳动效率的提高，生产的财富越多，获得的回报越多。

9. 大部分人都拥有的前提是商品丰富，有了再分配，好办，没有怎么分都不行。

10. 古代的皇家园林是财富，需要大量劳动者的劳动创造，但它的财富价值没有有效发挥，因为它只是皇帝和极少的人在享用，若全国人民都能享用，才算是匹配了它应有的价值。一条路建好了大家用，其体现的价值就高；一个公园建好了，最好免费入园，大家都能进去游玩，其价值就充分体现出来了。

11. 绝对公平重要，还是相对发展重要？相对发展。发展过程中收入不均，主要是劳动效率和商品供求不同决定的，劳动数量多、质量高、商品供不应求，获得的收入就多。市场会自然调节各行业、各岗位的收入水平。如果要绝对公平，而放弃发展，就会有人吃不饱、穿不暖、住不上房子；而经济发展了，就能让所有人吃饱、穿暖、住上房子，大家都好了，只不过是有人更好一些而已。

12. 现在有人房子大，有人房子小，有人有车，有人没车，不公平，所以要多盖房、多修路、多产车，大家都有大房子住，大家都有小轿车开了，就更加公平了。

13. 在物质丰富的年代，几乎每个人的吃穿住行都得到了保障，所谓的两极分化，分化的更多的是“名”和“权”，马云的吃喝比我们好不了多少。只要人人在高效地劳动（体力劳动或脑力劳动），有人多赚点，有人少赚点问题不大，而如果失业的人太多或是某个区域闲置劳动力太多，又或是总体劳动效率太低，引发的问题会比较大。

14. 政府有货币发行权和财政调节权，在商品交换中，可以适当有效地保护弱势一方、吃亏的一方，比如农民付出劳动，但农产品卖了低价，吃亏了，就给一亩地 200 元、300 元或 500 元的补贴。

15. 前些年，蔬菜、水果的价格上涨，是好事。城里人原来买蔬菜和水果太便宜了，不合理。让种蔬菜水果的劳动者获得更多收入是合理的。

16. 以前农民退休了没有退休金，他们也为国家贡献了几十年，这是不公平的。现在农民也有医保、社保了，改善了不少。农副产品适当涨价，对提高农民收入有利。

17. 资本投入到生产中，促进了财富创造，承担了亏损风险，获得劳动者创造的一部分财富是合理的。

（四十九）税收调节

1. 国家的税收，收取了劳动者创造的一部分财富，这是国家公务人员管理、劳动的价值兑现，也是政府集中力量办大事的费用，比如养老费用、弱势群体保障费用等。财富生产，需要安定的环境，军队、警察、工商、环保等部门的有所作为有利于各个行业的规范运行，产品的合格生产，企业的有序竞争，从而有利于整个社会财富的持续创造。

2. 把政府收税理解为剥削是大错特错的，收上去的税用来建高铁、道路、桥梁，还是百姓受益。

3. 税收、土地财政，会让一部分钱流回到国家手中，而国家拥有，就是全民拥有，国家拥有才能全民享用。

4. 国家收走的钱，实际上人人有份，最终是用在大家身上的。

5. 税收是必需的，税收稍微高一点也是好的。税收主要来自交换、消费、劳动生产等环节。买 100 万一辆的车，可能其中 50% 以上是综合税收，而买 10 万一辆的车，可能只有 10% 的综合税收，相对来说，富人在消费中要比穷人交更多的税。

6. 政府应该向富人收费，车、房、高端消费等在购买、持有、使用的过程中都可以收比较高的费用，以此让富人对自己获得的高品质服务买单（实际上高品质服务对社会的消耗更大，本来就应该交更多费用弥补社会）；政府应该向穷人减税，以此鼓励穷人更多消费，让穷人享受更多社会服务，并且让穷人改善生活、提高劳动积极性。

7. 现在对富人也有变相收税的方式，比如相对于普通住宅，豪宅就非常贵，豪车也是很贵，富人为奢侈消费支付了很高的代价。直接把钱从富人口袋里拿走，不稳妥，需要慢慢来，在富人奢侈消费时多收取费用，这样比较稳妥。豪宅房价贵，豪车贵，这相当于是向富人收了更多的税。

8. 劳动力成本高了，相当于原来是老板赚的一部分，现在工人赚了。如果老板赚得少了，积极性小了，政府可以给他退税或补贴。这样工人和老板就都有积极性了。工人和老板都是国民，谁赚钱都是好事，劳动力成本不是越低越好。

9. 如果烟酒加税、其他行业减税，这是双向好事。

10. 如果减税和推行积极财政，企业利润会更好、业务会更多，企业会更积极扩张，劳动者收入会更多、会更积极消费，由此企业的生意会更好做，从而形成良性循环。

11. 法国加燃油税是对的，开车多的人就应该多交税。政府多收了税，才能更好地补贴穷人。当然，法国加个燃油税就乱成这样，说明政府管理能力不足。

（五十）适度福利，不养懒人

1. 好的福利制度，既要对社会人群有基本的保障，又要有利于财富的创造。社会福利和保障，应是付出回报公平化，劳动多的人，获得的福利和保障多一点，劳动少的人获得的福利和保障少一点，如果福利和保障体系不公平，劳动者的劳动成果就会被过多侵占，劳动者本人获得的福利和保障反而变少了；社会福利和保障，应是救急不救穷，不是说你穷，政府就给你钱，如果你有劳动能力，首先应该用劳动获得报酬；社会福利和保障，应保护弱势群体的基本生活，一方面没有劳动能力的人或者客观上劳动能力很差的人，政府应该给予补助，但补助的标准是吃饱穿暖有地方住，而不是吃好穿好住好（如果不劳动政府就让他吃好穿好住好，那么辛苦劳动的人情何以堪）。

2. 高福利、高利息、持续通缩，对财富创造是不利的，对社会是不利的。社会食利阶层越庞大，后续问题就越多；社会劳动阶层越稳定，后续问题就越少。不能让整个社会崇尚食利，应是崇尚劳动，奖励劳动，让劳动者更体面。

3. 现在还有劳动能力的人，特别是有创造能力的人，当下的福利也不能太好，否则会降低他的劳动和创造积极性。他的劳动付出和财富创造，可以进行累积，等他劳动创造能力大幅下降的时候，再给他较好的福利，这是比较好的。相当于是把他一部分劳动成果储蓄起来，延后支付。当然了，绝大部分人当期获得的财富和延后支付的财富，不能大于他以往劳动创造的财富，否则整个福利保障体系就不可持续了。福利保障体系的可持续性，来源于财富创造的可持续性。

4. 为什么说“现在还有劳动能力的人，特别是有创造能力的人，当下的福利也不能太好，否则会降低他的劳动和创造积极性”？一个人收入的组成中，通过劳动获得的报酬比例越高越好，福利太好意味着不通过劳动也能获得某些收入，这部分不通过劳动拿到的钱，到手后去换取别人的劳动成果，必然会加速通胀，也会打击劳动者的劳动积极性和创造积极性。如果当时社会福利太好，马云可能没有动力去创建阿里巴巴，马化腾也许没有动力去创业。而且福利一旦有了，就很难取消。有劳动能力的人，还是要靠劳动换取收入，老年人的退休金也不能太高，能够保障他有吃有喝有住，能看得起病，就好；不然退休金过高的话，他的子孙就容易不劳而获，会影响他子孙的劳动积极性。

5. 本质上来讲，福利获得者是要靠劳动者养着的，供养福利获得者的劳动者，要么是本区域、本国的劳动者，要么是其他区域、外国的劳动者。福利不是有钱就有的，而是有自己或别人的劳动才有的。想要福利更高，要么提高劳动人数，要么提高劳动质量（提高科技和管理水平）。欧洲的高福利，某些程度上来源于掠夺国外的劳动者。古往今来都是如此，欧洲人让非洲人劳动，地主让农民劳动，他们的“高福利”由此而来。而当掠夺者的掠夺能力下降，欧洲的高福利必然破产。中国以前劳动者的劳动成果被国外掠夺较多，随着国力的上升，现在劳动成果被国外掠夺变少，本国的福利就能有所提高。中国未来社会有效劳动不断提高，大家的福利才能不断变好，所以现在就要谋划、布局未来。

6. 钱，可以通过国家投入建设，人民劳动获得报酬，多用这样的方式进入人民的口袋，要减少直接进入人民的口袋，劳动获得报酬有利于财富创造和社会进步，不劳动直接拿到钱会推动恶性通胀和不良社会风气。福利就是不经过生产直接放入口袋的钱，如果福利过高，对社会的长远危害较大。

7. 政府给每个人发钱，解决不了问题，反而会引发人们的懒惰。关键是解决问题，生产不够就解决生产问题，消费不够就解决消费问题。福利待遇好，不如努力劳动好。

8. 不能花钱养懒人，一旦劳动者轻易获得高福利，整个社会生产创造的积极性就会下降。如果要发 10 万的福利，不能直接发 10 万现金，发了现金只能间接促进消费，甚至变成储蓄，收到钱的人感觉自己有钱了还会影响劳动积极性；应该发 10 万的购房或购车补贴款，这笔钱只能用于买房或买车，如果不买房、不买车则不能领取一分钱，这样一来，获得福利的人直接改善了生活，钱花了还要继续努力工作，而房企、车企则直接增长了业绩，房企、车企的员工收入和消费也会随之提高，从而在整个社会形成良性循环。

9. 如果看病不要钱，有些老头即使没病也会住在医院里不回家了，有些人就把药一箱一箱搬回家了，反正不要钱，不住白不住，不拿白不拿。这是行不通的。如果真的不要钱，那估计看病排队一个月都可能排不上号。而我们走的路，政府花钱修，我们逛的公园，政府花钱建，这些方面不要钱，是行得通的。

10. 如果人人看病不要钱，那就没人劳动了，也就没人给你看病了。

11. 中国的医疗制度是比较好的，基本上小病医保报销 50% 左右，大病报销 70% 左右，医院效率高，患者接受治疗快。那些所谓的报销 100% 的国家，报是可以报，但排队看病会让你等不起。

12. 社会应谨防高福利陷阱，因为财富是靠劳动生产出来的，没有劳动就没有财富增量。退休金过高、社会的直接和间接福利过好，对劳动者是一种变相的打压和掠夺，相当于是鼓励懒散，而对劳动的奖励不够重视，这对整个社会的伤害是比较大的。人性有善有恶，或者说不善不恶，几乎每个人都有朴素的自私，如果不用干活或者少干活就能活得很体面，就会有越来越多的人选择不干活、少干活，这样一来，社会的财富创造力就会下降，国家会走下坡路，欧洲就是范例。

13. 欧洲的福利太好了，打击了劳动者的积极性，导致社会问题越来越多。他们的快乐是暂时的，长远来看，会有更多更大的问题。

14. 相对欧洲人，美国人还算是比较勤快的，但碰到中国人，还是没法比。

15. 中国的退休人员数量较大，政府的负担较大。

16. 如果退休前工资 8000 元，那么退休工资可以付 4000 元，退休时间到了，可以选择继续工作或者退休，如果继续工作还是 8000 元，退休则是 4000 元。这样的退休政策更好一些。

（五十一）幸福

1. 所有的物质财富和精神财富，都是劳动人民创造的。劳动最光荣，劳动创造幸福。

2. 讨论经济和财富，难免会讨论到幸福。我想社会稳定，没有战争和动乱，几乎人人有饭吃、有衣穿、有房住、有活干，这本身就是最大的幸福，几千年来都没有实现的幸福，现在已经基本实现了。只不过有人欲望太多，有人不懂感恩，有人好吃懒做，所以才不觉得幸福或无法获得幸福。

3. 随心所欲，想干啥就干啥，这不叫幸福，叫放荡。有饭吃，有活干，有房住，是幸福。

4. 幸福本来是一个比较虚的概念，是一种感觉和自我满足。幸福或不幸福大多是自我定位问题。有道是知足常乐。

5. 现在的很多人，衣服穿不完，饭菜吃不完，却不知道自己处在幸福当中。当年饥荒年代的人，如果活到现在，会惊呆，会认为现在的社会就是理想中的幸福社会。

6. 我赞助山东梆子戏，因为它是好东西，是地方文化精华，应该让更多人知道和喜欢。我先花钱，损失的是个人，有利的是社会。想干成一件事，不只是喊喊口号，要么花时间，要么花钱。有正能量的想法，能实现，就是幸福。

7. 土地国有、资源国有（财产可以私有），国家统筹，全民共同劳动，实现共同富裕，这就是共产主义。这是我对共产主义幸福社会的粗浅理解。

（五十二）贸易战

1. 中国的 5G 远远超过美国，美国慌了。假以时日，中国在科技方面会全面超过美国。

2. 看到中国经济腾飞，其他国家的经济也要起来，特朗普着急了，想着法儿来恶心中国。

3. **就是因为我们太厉害了，特朗普才挑起贸易战**，如果我们很差劲，他才懒得理我们。

4. 两国互相加关税，实际上互相都不会有大问题，但特朗普的本意是想遏制中国的发展。为什么禁售芯片？如果纯粹是贸易战，贵一点卖不就行了吗？中国发展太快了，特朗普受不了了，就出阴招，使坏点子。不过美国不卖芯片给我们，两三年后，我们自己也就研发出来了。

5. 特朗普有自己的打算，他和我们打贸易战，和我们的贸易战略关系不大，不管怎样，特朗普都想针对中国。

6. 贸易战，加关税，理论上对加税国家的政府是有利的，政府增加了收入，对方的企业多交了税。零关税，则相当于让利于民，让老百姓买更便宜的商品。而实际上，即便加了关税，政府最终也是把税收用之于民。

7. 现在美国比中国更想把贸易谈判谈好，更想早点签协议。一方面，在中国政府有效的政策调节下，目前中国实体经济明显好转，股市也在上涨；另一方面，美国为什么从中国进口？是因为很多商品美国自身没有或不足，不从中国进口也要从其他国家进口。美国从中国进口的商品，大多与美国老百姓的生活紧密相关，和美国的 CPI 紧密相关，而且中国商品的性价比高，不从中国进口，美国的贸易逆差会更大，美国老百姓消费同等质量的商品价格会更高，美国的 CPI 会走高。（2019 年 2 月底）

8. 现在美国耗不起，打贸易战就是吓唬中国，无非是想要多捞一点好处而已。一直耗下去，美国就会物资短缺，而中国则可以形成强大的国内市场，长期来看，反而对中国相对有利。（2019 年 2 月底）

9. 国际博弈，兵不厌诈，美国就经常吓唬其他国家，其实有些动作它不会去做，只是说出来吓对方，让对方先妥协，对方妥协了，它就取消原来“预定”的动作。

10. 特朗普的用意是“使坏”，真不真、假不假地经常喊一嗓子，他用的是心理战，看对方的反应再走下一步。他是一个认真的人，追求强权和极致的人。

11. 特朗普其实想“诈”，这是他做生意的习惯。特朗普是个聪明人，但还是没有看到本质。和他交朋友应该是不错的，他还不算阴险。特朗普是真心为本国利益着想，因为他发现美国在走下坡路。

12. 特朗普是真的精，在谈判中不断改变策略，一会儿加关税，一会儿减缓，一会儿部分减免，他就是想让中国让步，想为美国争取最大的利益，而看到中国不让步，则又马上改变策略。

13. 特朗普对中国的压制，不管中国服不服软都一样，他是故意要这么搞。

14. 特朗普也算是个能人，还好他 30 多岁的时候没有当美国总统，可惜他现在老了。甚至，他现在都有点狗急跳墙了。按照特朗普的脾气，贸易战可能会是持久战。但我们不怕，长期优势还是在中国这边。

15. 特朗普比较随意，不拘一格，死不认输，缠人的精神世界第一。不管怎样，特朗普这个美国总统，我们会记住他。

16. 过去几十年，美联储一直是美国经济乃至世界经济的绊脚石。中美贸易战，才让美联储第一次改变了传统的金融政策。（2019 年 9 月）

17. 可以说，特朗普为了美国的经济利益，打贸易战已经到了痴迷的程度。

18. 商人本身就是政客，而政客则做不好商人，所以对美国人来说，特朗普应该算是个好总统。

19. 既然美国说我们出口给它的东西太多了，那我们就减少对美出口，可以从服装鞋帽行业为突破口减少对美出口，转为扩大内需，给农民的消费进行补贴。比如服装鞋帽行业从 4 月 1 日开始减少一定幅度的对美出口，这样就会造成美国服装鞋帽的短缺。也许，没过多久，美国就会来主动求和。因为即便美国买其他国家的商品，对美国来说，同样是进口，同样存在贸易逆差问题，另外，其他国家三五年内也无法具备较大的生产能力，很多商品美国短期内只能向中国大批量进口，其他国家的生产要么质量不够要么数量不够。当然，如果谈得好，则可以恢复对美正常出口，甚至稍微便宜一点卖给他们都行。（2018 年 12 月 16 日）

20. 特朗普加关税，本质上加的是美国老百姓的税，因为加了关税后，中国企业如果亏损就不卖了，只能加价卖，最终涨价的部分由美国消费者买单，实际上就是美国政府赚了美国老百姓的钱。

21. 美国加关税不算什么事，有本事你不要我们的货！欢迎美国加关税，你加了税，我就加价卖，反正不能亏钱卖。如果价格贵了美国人少买了，那就卖给中国人，刚好满足内需。好东西，你不想买，我还不想卖呢！

22. 美国要加关税，没什么大不了的，我们还可以不卖给它商品呢！可以把商品低价卖给本国人民，提高人民生活水平。而如果低价出售导致企业亏损，则政府可以补贴企业。

23. 中美贸易战不是大坏事，有了外患，就少了内忧，贸易战背景下，中国内部促进经济发展的措施会更多、更快。

24. 中国加美国大豆的关税，中国的国企买了大豆，买的价格是贵了些，但国家给一点补贴给国企就行，最终成本也没有上升，物价容易控制，消费者没有受损。而美国加关税则不同，结果很可能是美国政府收了关税，美国的企业多花了钱，美国的老百姓多花了钱。

25. 面对美国的贸易战，除了制造业升级、扩大内需和加大基建之外，我们还可以用加快城镇化进程、加快棚户区改造、鼓励房地产开发等方式对冲贸易战的负面影响。比如在管控房价的前提下，鼓励企业到三线、四线城市投资、推进新农村建设、逐步放开限购，以此拉动经济的发展。

26. 中美贸易战，被动的不是中国，而是美国。当时特朗普挑起贸易战的时候，其实不理他也行，我们应该集中精力扩大内需，让消费不足的群体有能力消费，比如让教师、民工、小学生穿好一点，让白领都穿西装打领带去上班，那么服装鞋帽的消费就上去了。

27. 中国政府英明，贸易战背景下加快建设强大的国内市场，扩大内需，促进国内经济发展。由此，贸易谈判谈成更好，谈不成问题也不大。（2019 年 2 月底）

28. 我们的经济好了，股市好了，特朗普和我们打贸易战就会更加被动。

29. 大规模减税、降费、扩大基建、鼓励国内消费，这说明中国早就想明白了，不能完全寄希望于贸易谈判，还是要靠自己。我们把自己的经济搞好，企业好了，消费好了，那么，谈成挺好，谈不成问题也不大。

30. 在中美贸易战的背景下，中国政府收紧货币的可能性不大。

31. 人民币贬值，有利于出口，不利于进口，有助于对冲贸易战的一部分负面影响。

32. 贸易战过程中，如果人民币贬值的幅度大于美元升值的幅度，就是主动应对出口问题的正确选择。

33. 特朗普打贸易战，中国央行马上降息一个百分点，这说明我们的货币政策是自主的、正确的，对经济是有利的。中国经济一定会平稳、健康发展。

34. 该吃吃，该喝喝，贸易战对中国经济的影响有限。甚至因为贸易战，中国央行适当放松货币，中国的经济反而可能更好。一有外患，自我加强。我们发展我们的，贸易战更多是心理层面的影响。（2018年7月1日）

35. 贸易战之初，有悲观的，有恐慌的，后来似乎大家都没什么感觉了，我们对贸易战有了很强的免疫力。（2019年9月）

36. 贸易战，对心理预期的影响，要比实际影响更大。

37. 若一定要说中美贸易战对经济的影响，那也是向好的方向影响。中美贸易战促进了全球经济的发展，尤其是促进了中美两国经济的发展。因为贸易战背景下，各国都在努力促进本国的经济发展，比如中国降准降息、减税降费，美国从加息转为降息。

38. 没有中美贸易战，美联储可能一直在缩表、在加息，美国的经济和股市就不会那么好。

39. 各国都知道贸易战对经济有风险，采取及时、正确的措施后，反而没风险了。

40. 特朗普一搞事，全球都放水对冲风险，由此，世界大部分国家的经济可能都不会差。

41. 美国加关税没什么好牛的，还得买。真牛，那可以不买。不加要买，加了也要买。

42. 有货的不怕有钱的，中国不怕美国。有货的有吃有穿，没货的不买货，难道吃美元吗？

43. 只要我们的双手不停下，即便有贸易战，我们自己的经济也不会差。

44. 美国靠中国低价商品的输入，保持相对舒适的状态很多年了。在经济上，美国依靠中国多，中国依靠美国少。

45. 美国离开中国，过不好；中国离开美国，也过不好。总体而言，美国更需要中国。

46. 美国是靠我们生活的，他们打不过我们，不要怕他们。我们不买美国的产品不行，美国不买我们的产品更不行。

47. 对美国来说，贸易战不是战争问题，而是生活问题，美国人离开了中国的商品，日常生活会有大问题。

48. 中美之间，和则两利。两国本来应该互相取长补短、互相合作，共同发展求进步。如果这样，对中国好，对美国好，对世界也好。

49. 如果美国有诚意要谈，那也行，只要不涉及主权问题，稍微让点利给它也没问题。

50. 中美之间，打也无妨。仔细想想，两国闹贸易战，某种意义上说对中美都是有好处的，因为中美贸易战之后，两国政府都在积极地做对本国经济有利的事情。

51. 美国不能真不要中国的商品，就像中国不能真不要美国的大豆，实际上，市场分工和互补已经使双方谁都离不开谁。

52. 有人倡议“只买国货，不买外国货”，这是狭隘的，也是不利于进步的。如果每个国家都这样做，都闭关自守，肯定是有问题的，看似爱国，其实不好。只有你买了他的，他再买你的，市场才会活跃，世界才更容易进步。在这方面，中国比美国做得更好。

53. 中美贸易摩擦，本质是双方博弈。既然是博弈，则人心齐，泰山移。

54. 人多了为胜，美国 3 亿人，我们 14 亿，我们肯定赢。如果美国也是 14 亿人，我们就不是他们的对手。

55. 对中国来说，美国加我们关税，加了也没啥，我们对其他国家的出口增长比较快，经济没有大问题。

56. 一个国家好不好，不在外部，而在内部。发展经济是我们自己要发展，特朗普阻碍不了。

57. 中国政府说了，积极做好自己的事。特朗普喜欢瞎嚷嚷，就随他去吧。一年的事实证明，中国的经济没问题。（2019 年 9 月）

58. 真正全面打贸易战，只有像中国这样“内部想发展，有发展动力，并且产业链齐全”的国家，受损最小。

59. 现在的世界，谁都离不开谁。而如果所有国家都不对外贸易，中国将是最有优势的国家，因为我国的经济结构、产业体系最完善。

60. 有人担心美国加关税后中国的很多制造业会转移到东南亚，其实没那么容易转移。一个工业体系，上下游产业链上的企业非常多，不是那么容易全面转移的。

61. 我们一定要相信，任何人搞不过中国，和中国合作才是唯一出路。

62. 中国只要不放弃制造业，美国的制造业就起不来。我们正在势头上，美国遏制不了中国的发展。特朗普虽然厉害，但他也扭转不了。

63. 有制造能力才管事，这比黄金、白银好多了。美国以前去工业化，是严重的错误，现在想挽回，已经来不及了。美国想自己生产，很难，没有数十年的时间，无法建成完整的制造业体系。中国的制造业产出占全球一半左右，这才是硬实力，世界上哪个国家离开中国都活不好。

64. 中国不是其他国家，美国用贸易战遏制中国，影响有限。因为一方面我们的政府强大，道路正确；另一方面我们地大物博人多，可以自循环。

65. 如果贸易战全面打三年，中国经济没有大问题，美国经济会出大问题。如果贸易战美国打不败中国，那就是美国败了。

66. 中美若正面开战，美国只要不赢就是输，从此失去世界老大的地位。

67. 中国只要自己不束缚自己，发展就会很快，难关就能度过，问题就能解决。中美贸易战，最终会以美国的失败告终。最多十年，中国全面超过美国。

（五十三）中国经济和中国制度

1. 中国经济的发展模式，是政府有效管理下的市场经济。

2. 中国经济发展的道路，一定和以前所有国家的所有道路都不同。

3. 中国的崛起有两个最大的原因：一是以美国为首的西方发达国家犯错误，把制造业赶出国门；二是中国的制度和人民的特征更利于财富创造。一个健康的经济体，不能轻易打压和转移实体经济（特别是制造业），美国曾赶走了，现在想要回流，很难。

4. 好的体制带来国家的长期稳定。经济发展的基础就是国家稳定，国际经济的发展也是如此，第二次世界大战后国际局势总体平稳，所以世界经济大发展。

5. 经济领域的问题，尤其是国内的问题，没有解决不了的。

6. 我认为美国现在军事第一、科技第一，而中国则是经济第一。

7. 对发展经济来说，我们的体制比美国优越不只是一两点。

8. 现在中国的存量总财富，若不以货币标价，而以实际使用价值来评估，中国应该已经是世界第一了。国家政策的正确、执行和调节的有效，以及人民的辛勤创造，成就了这一自豪的局面。

9. 是美国的经济模式更合理，还是中国的经济模式更合理？公说公有理，婆说婆有理。最好的辨别方法是“用事实说话”。谁的经济发展得更好，谁的国民生活水平提高得更多，谁的国力上升得更快……事实证明，中国的模式更好，我们要制度自信，不能轻易学美国，不能简单地和美国比。即便我们的模式有瑕疵，要调整也是微调。

10. 没有中国这一套政治经济体制之前，美国那一套是最好的，现在当然是中国的这一套最好，世界上很多国家都想学习中国模式。

11. 同样一件事，一件好事，比如原先的机场不够用了，要扩建一个更好的机场，美国可能用 3 年完成决策，8 年完成建设，而中国则可能用 3 个月完成决策，2 年完成建设。谁更利于社会的发展，更利于人民受益呢？

12. 有了中国的经济模式，美国的那一套就不好了。在没有漂亮的之前，丑的也被人说成漂亮。美国其实也不差，我们只有自己发展好了，才能把美国比下去。

13. 经济发展得好的前提是政治稳定，经济发展了，于国于民都是好事。政治需要稳定，政治不稳会耽误经济发展。中国人，不支持中国政府，支持谁？有政府稳定大局，才有经济发展，才能维护社会和谐，维护每个企业和家庭的利益。

14. 新中国成立后的前三十年，我们建立了相对完善的并且符合国情的政治体制。土地国有是后三十几年经济高速发展和有力调控的保障。大量劳动力的储备则为经济建设奠定了基础。

15. 政治制度保障经济制度。毛主席应是人类历史上对政治制度贡献最大的人之一；邓小平应是人类历史上对经济发展贡献最大的人之一。我们现在依然在享受中国政治制度的综合红利，也在享受改革开放以来经济大发展的切实好处。

16. 中国的经济以公有制为主体，协调发挥政府管理和市场各自的力量，事实证明是世界上主要国家中经济发展最好的，当然，还可以更好。

17. 我们的金融体系必须总体是国有化的，因为金融是市场的调节器，非常重要。

18. 若是放任自流的经济体系，那是有利于富人的，因为富人有钱有资源，穷人往往竞争不过富人，然后富人说“活该，那叫市场的优胜劣汰”。看上去公平，实际上穷人想要走向富裕更困难，穷人受富人剥削的可能性越大。政府的有效介入，用规划、调控和管理，用税收的调节，用定向投资，用最低工资、劳动法、法定节假日等方式维护劳动者的权利，更有利于保障相对弱势的群体。

19. 中国马路上奔驰、宝马、别克、丰田等外国品牌车满大街跑，这说明，中国是市场化程度很高的国家。

20. 中国政府可能犯错，但纠错机制好，纠错快。中国这个制度，能不断地组织生产、促进生产、提高效率和质量；能发现和解决社会中、经济中的问题。只要财富越来越多了，大的问题就没有了，小问题不断发现，不断解决。如果财富增长不了，甚至减少，那么小问题也会变成大问题。

21. 近年来，中国走过弯路，而西方走的弯路更多更远。

22. 不断发现问题、解决问题，这是中国政府把社会和经济管理得比较好的原因之一。

23. 我们承认有问题，实事求是面对问题，然后解决问题，以后才可以做得更好。以前劳动者的劳动时间长，依然吃不饱、穿不暖，我们没有单纯抱怨，而是用杂交水稻、收割机、纺织机等解决问题，不但吃饱穿暖了，劳动时间也下降了。

24. 想不通的人，会说政府不好，想通的人，就知道政府已经做得很好了。每当看到上海的繁华，我的自豪感就油然而生，陆家嘴的夜景，在世界上是罕见的。

25. 对政府要有信心，我们的体制非常好，有问题很容易解决，所以我从来没有悲观过。

26. 中国政府自我更新，与时俱进，永远不会落后。

27. 信息发达了，交通发达了，国家管理会更便利，如果新疆西藏有事，中央可以马上知道、马上决策、马上安排处理。

28. 2008 年金融危机后，西方主要发达国家，在物质财富上几乎没有大的变化，中国则是日新月异。事实证明中国政府是伟大的。

29. 美国 2008 年的金融危机打击了全球的制造业，而中国的 4 万亿让实体经济保持发展，中国抵抗住了金融危机的冲击。国际博弈是正常现象，中国总体上是能胜出的。

30. 事实证明，中国共产党是目前世界上最伟大的政党、执政者。实事求是地说，中国是越来越好了。中国这些年来，真正落实了“发展才是硬道理”这句话。任何社会，有问题是正常的，正对问题和解决问题才是关键。

31. 改革开放 40 年，证明中国的政治和经济制度是成功的，我们必须承认这个事实。

32. 和 40 年前相比，现在一年的财富生产量相当于过去很多年的总和，再过 20 年，中国会富强成什么样？！

33.40 多年来，从贫困到初步繁荣，而且社会总体稳定和谐，人民和国家共同走向富裕，这是很不容易的，这证明中国政府的执政是行之有效的。

34. 中国在政府的有效管理下，永远不会出现美国 1929 年那样的经济大萧条，也会不出现日本的“失去三十年”。

35. 新冠病毒疫情，让中国的向心力增强了很多。这次疫情后，中国国民对政府的认可度提高，世界各国对中国政府的认可度更是大幅提高。（2020 年 3 月 17 日）

36. 即使国外疫情继续严重，中国经济也不会太差，反而国际上更需要中国的商品。（2020 年 3 月 17 日）

37. 疫情在中国二次大面积复发的可能性非常小，虽然有输入性病例，

只要严格检测、隔离，没有大问题。（2020 年 3 月 26 日）

38. 本来西方以为中国搞经济的这一套有大问题，以为等一等中国经济自己就不行了，谁知等到它们自己不行了，中国还越来越好。

39. 那些移民的人，其中部分人的脑子有问题，放着伟大的祖国不要，非要成为外国人。

40. 我劝大家不要移民，出去难，回来更难，最终还是中国更好。中国有问题，但西方问题更多。

41. 不出国不知中国好。中国的城市建设综合来讲，已经是世界第一了。中国的财富存量和财富创造能力世界第一。有些老外到了中国才知道什么叫作翻天覆地的发展。

42. 其实，中国现在在全球的地位很高，不少国家都把我们和美国并列了，只是我们内部有些人不够自信，觉得自己不行。

43. 温总理懂经济。农民不交农业税了，收入提高；孩子上学，义务教育不交钱了，支出减少；农民有社保有医保了，敢消费；消费多了，工厂生产量就要加大，工人不够，农民去当工人，收入进一步提高，消费力更强。这是一个良性循环。

44. 我们有庞大的内需市场，有完整的工业体系，这样的经济局面，其他国家都没有。只要我们的双手没有停下来，经济永远不会有大问题。

45. 中国的需求没有问题，有问题的是“觉得需求有问题”。

46. 说中国经济不好的，都是瞎扯。有时候吃个饭都要排队两小时，经济好得很。

47. 没有理由不看好中国的经济。任何时代都没有像今天这样劳动效率高、更新换代快，各种有利于生产的设备、技术都在日新月异地提高。商品只会越来越充裕，人民和国家的财富只会越来越多。

48. 不少人对 2019 年上半年的经济比较悲观，我觉得不用悲观，中国政府有的是办法把预期扭转，有的是办法把经济搞好。煤、电、原油的用

量上升势头较好，说明经济发展没问题。经济好不好，要看事实，而不是看主观预期。（2018 年 12 月）

49. 现在经济本来就不差，国家又出政策促进发展，经济怎么可能会不好？（2019 年 2 月）

50. 不少高速公路上运货的车比以前多了，有些服务区吃饭还要排队；坐高铁的人也比以前多了，有些时候连票都买不到。从这些角度，我们看到中国的经济好得很。（2019 年 8 月）

51. 工业园、产业园、科技园、创业园非常多，很多县里都有，这说明经济发展的后劲很足。

52. 是有个别企业倒闭的现象，但农村也没见闲人，连老太太都能找到工作，现在几乎是全民就业，经济发展很好。

53. 现在应该是中国就业最充分的时候，体力劳动者工资上升较快。或许有一个企业关门，但同时有两个企业开业。或许有一个店面关门，但同时有两个店面在装修。对中国经济要有信心，不用忧心忡忡。

54. 中国的经济增速可能下降一点，但因为现在的经济体量很大，每年的经济增量依然是比较大的。

55. 中国经济不会崩溃，“中国崩溃论”会崩溃。

56. 对经济担忧的人，都是对国家的认知不足。中国的实际经济体量是全球第一的，美国是第二。

57. 最好的桥梁、高铁在中国，也许不出十年，最好的芯片也会在中国。（2018 年 8 月）

58. 美国除了部分高精尖领域比中国先进以外，其他的领域几乎都无法和中国相比，即便在高精尖方面中国也在迎头赶上。中国在很多方面已经大大超过美国，比如基建、特高压输电等领域。

59. 中国的制造业，在世界上是最厉害的，任何一个国家都比不过我们。

60. 现在全球财富最多的国家就是中国，中国在以大宗原材料为生产制造的领域，大约占全球的一半。钢铁是工业的血液，中国的钢产量占全球50% 以上。谁都离不开中国，只要向中国靠拢，日子就会好过一些。

61. 世界各国都会学习中国的经济发展模式，其实，发展经济就是发展生产建设。

62. 经济实力才是最重要的，中国的经济实力全球最强，任何国家拉不倒中国。要相信中国的实力。

63. 中国经济发展可能存在的一个较大的潜在风险是：男女比例失调。1996—2005 年，某些农村新生儿男女比例可能达到 2 ∶ 1，有些男孩要成为光棍，这对他的劳动积极性、事业心、上进心、社会责任感等都是打击。

64. 现在很多农村，种地的人大多是 50 岁以上的。未来，年轻人不愿意种，老年人种不动了，可能会出现一些问题。大面积的田地，可以机械化，但一部分丘陵地，有高低落差的地，不集中的小块化的地，实现机械化比较难。

65. 中国的经济还有很大的发展空间，十年后，可能县县通高铁，乡乡通高速，家家住大房子，家家开好车。（2017 年 7 月）

66. 中国大部分农村，在未来 15—20 年后，都会城镇化，需要大量人才去参与建设。

67. 中国的城市面貌，再有 20 年，应该就能全部焕然一新了。（2018 年 11 月）

68. 最有前途的国家就是我们国家，最光明的国家就是我们国家。以后，无论哪个国家和中国比，都比不过中国。中国是真的强大，我们没有过度自信。

69. 大部分资产国有，社会的物质财富大大充裕，每个人按照能力和贡献获得收入分配，我想，这就是共产主义。

（五十四）美国经济和美国制度

1. 美国自己能办的事，一般不和别人商量，也不顾虑别人的感受或利益，他自己就去做了。

2. 美国看上去没有腐败，只不过是把“腐败”合法化了，总统选举过程中的政治献金就是合法的“贿赂”，这是追求后续超额回报的政治投入。

3. 美国总统在任命官员时，偏向于任人唯亲。

4. 美国现在几乎就是一个人说了算，什么都是特朗普管，连开除一个高官都只需发一个推特，随意性很强。

5. 事实证明，美国的集权比较严重，特朗普的权力较难得到制衡。

6. 美国人在自己别墅门口搭个遮阳伞也要政府批准，实际上美国除了一些表面的自由外，也是处处受限的。综合来讲，中国的自由度高于美国。在中国，理发店、饭店、水果店……开设的手续很方便，基本上可以自由开。美国是表面的自由，是被洗脑后虚的自由。

7. 美国的政府很强大，不只在本国强，在世界上也强。政府强大，美国的经济才有快速、高效的发展历程。

8. “美国收美元铸币税”的说法不准确，美国印的钱，可不是收税的问题，而是印出来全是它的。

9. 美国为什么现在要卖油了，因为它现在只靠常规地印美元无法支撑一国的开支了，只能卖点东西收回一点钱，来勉强支撑开支，但这还不够花。

10. 特朗普指责美联储加息损害经济，应该说特朗普是对的。如果有通胀压力，应该加大生产、提高效率，这才是锦上添花，没必要加息把经济打下去。如果说，加息是为了下次经济不好的时候有降息的空间，那就太扯了。

11. 美元加息，让美元回流。回流到美国的金融市场还好，若回流到美国买各类商品，美国就麻烦了，美国哪有那么多商品？全球各国手中这么多美元，以后对美国来说是个隐患。美元过度贬值，失去信用，很麻烦；美元不贬值，大家拿着美元去美国换东西，也很麻烦。

12. 特朗普不认可原来的经济学理论，美国的经济数据好，他不让美联储加息，这是对的。车多了就应该修路，而不是砍路。

13. 美国政府和美联储是分开的，这是个大问题。就像一个企业的董事长、总经理不能管财务总监，那这个公司怎么管得好。

14. 特朗普也有厉害的一面，作为美国总统，首次把美联储主席搞定了。

15. 特朗普及时拉住美联储加息的步伐，所以美股涨了，美国经济数据也好了。（2019 年 4 月）

16. 即使美国股市暴跌，对我们的影响也有限，他们是他们，我们是我们，更何况他们短期也坏不到很惨的程度。再说了，美股涨了这么多年，回调一下也正常。（2018 年 12 月）

17. 美联储主席的出发点也许是好的，但理念严重错误，如果一直加息，美国的经济会完蛋。当然，大家都是地球人，我们也希望美国好，希望美联储不加息，让美国的经济保持发展。如果特朗普真把鲍威尔撤职了，对美国经济是好事，对全球经济也是好事。

18. 美联储要独立决策，不听政府的，这肯定是有问题的。金融要服务于国家的战略。美联储不管其股权结构如何，它最终还是国家的。

19. 特朗普也算是聪明的，他认为美联储加息是错的，是对美国经济不利的。经济好了就加息，这是胡闹。美联储若持续加息，美国经济就肯定会变差，道指就起不来。（2018 年 5 月）

20. 道指短期崩不了，如果一个蠢材当美国总统，道指可能会崩，而现在是特朗普当总统，所以道指暂时崩不了。（2019 年 3 月）

21. 美国在疫情中“印钱”，主要是因为这个时候世界经济需要钱。美

联储这么降息还不行，不降这么快、这么多，更不行。（2020 年 3 月 26 日）

22. 美联储这次降息后，可能在明显的通胀之前都不会加息加回去。（2020 年 3 月 26 日）

23. 特朗普重利，在国际竞争中，这对美国有利。但如果美国经济发展了，对全球经济也是好事，最终会带动各国经济发展。

24. 特朗普搞的哪里是自由市场经济？明显是政府在主导、管理和调节经济。如果经济发展全靠市场，在经济领域，美国总统就没有伟大和不伟大之分了。

25. 特朗普其实是想改变“输出美元，换来商品，美国人容易不劳而获的生活状态”。这样的好生活，本质上不可能持续。他希望美国人民通过生产劳动赚钱，这才是可持续的。

26. 特朗普嘴上不承认，实际上是在向中国学习，想搞基建。

27. 美国现在重新开始搞基建，这对国家和社会是有利的，对经济发展是有利的，对就业是有利的。

28. 连泰国的一些基础设施都比美国好，美国想把基建搞好也是对的。

29. 一方面制造业外流，实体空心化；另一方面大量投资到国外（投资应该尽量留在国内，最好还能引进外资）。美国在经济上犯了这两个严重的错误，衰弱明显。所以美国现在连打伊朗都力不从心，甚至有点不敢打的感觉。（2019 年 6 月）

30. 特朗普现在灰头土脸，关键是美国实力不行了。实力不行倒也不是美国倒退了，它也在进步，只是别人进步更快而已。（2019 年 7 月）

31. 美国说要制造业回流，但美国的制造业真的要全面成体系，最少需要 20 年。不然，美国要搞建设，不能像中国这样想修高架马上修，想修高铁马上修，因为美国没有那么多实体企业和技术工人。

32. 美国正在走下坡路，再过些年就日落西山了。当然，美国自己也在发展，绝对实力没有变差。美国地位的下降，一是其他国家（主要是中国）发展比美国快，二是美国自己的制造业下滑太多。

33. 美国这些年来的失败，主要就失败在去工业化上。美国现在想自己生产，拿什么去生产？工厂在哪里？熟练的产业工人在哪里？

34. 美国的政治经济体制决定了它必然会逐步走向衰弱，因为内部牵制太多，效率低，容易耽误大事。中国的政治经济体制虽然也有不足，但比美国的好，并且中国纠错能力强、纠错速度快，不断向着更正确的方向发展和改革。

35. 美国的一个弊端就是几乎完全私有化。公私共存才是更合适的。

（五十五）全球经济和全球博弈

1. 全球经济都不差，泰国的经济其实是比较好的。泰国乡下国道边的加油站都很气派，加油站还有咖啡厅，路边随便一个小餐馆装修也不差，出租车的档次比中国的还高。泰国旅游服务业的服务意识很强，大部分泰国人待人善良。曼谷的楼没有中国大城市的好，高楼大厦没有中国大城市的多，但泰国农村的条件比中国的好。中国城乡差距大，泰国城乡差距小。泰国的自然条件好，物产丰富。泰国人民不怎么存钱，爱花钱。泰国人的消费水平不低。

2. 很多商品的用量，几乎每年都在增长，可能全世界都低估了经济增长的程度。

3. 现在从全球范围看，货币供应还是偏紧。如果货币宽松一些，全球经济会更好。

4. 现在，放眼全球，重点不是军事竞争，而是经济竞争。

5. 现在整个世界科技大发展，全球的运行效率极高。决策快、行动快，这是当今社会发展的需求。西方社会的政治经济体制已经落后，不再适应时代的需要。

6. 不是日本失去了 20 年，而是整个西方失去了 20 年，而中国获得了这20年。

7. 日本阶层固化，个人和企业的发展前景下降了，经济发展动力就差了。日本的经济要大发展，必须解决这个问题。

8. 特朗普反全球化，反归反，经济的全球化是挡不住的。

9. 站在竞争的角度，我们希望美国持续加息，最好加到美国经济危机；而站在全人类的角度，我们希望美国经济维持繁荣。都是地球上的人，谁发展了都是好的，谁崩了都是不好的。

10. 伊朗可以不用美元结算原油，而用其他货币结算或以物换物，所以只要美国不打伊朗，伊朗还是有办法出口原油的。

11. 中东乱了，原油大涨，不符合特朗普当前想要压制通胀的愿望。（2019年5月11日）

12. 在东南亚某些国家建钢厂，即使政府少收税、不收税，熟练的产业工人也没有，即使招到工人了，这些工人可能干几天有钱了就休假，钱用完了再来上班，导致工厂无法良好运作。另外，东南亚国家内部产业链不全，进原料和销产品都比较麻烦，甚至锅炉坏了找个维修工都无法很快找到。所以中国制造业的优势不是那么容易被取代的。

13. 一些东南亚国家发展得好的一个重要原因是挨着中国。

14. 一带一路可以打通国际资源的流通，形成相对稳定的资源供应。

15. 这十几年来，全球流通的资源，每年几乎有一半都运到了中国。

16. 新冠病毒疫情中，外国人不提倡戴口罩的原因之一是口罩的数量不够。（2010年3月20日）

第三部分

人生和宇宙

（一）天道

1. 道包含一切，所有一切都源于道，所有的事物都是道的分支。

2. 最公平、最公正的是宇宙，天道违背不了。

3. 物极必反——有一种力量在维持宇宙的平衡。物极必反，是老天让它反，物极必反是为了维持平衡。过犹不及——因为“过了”，老天会扳回来。

4. 老天爷就像警察，一定会在必要时出手，只是人们不知道老天爷何时出手。

5. 一个人的钱越多，权越大，天道就越压着他。老天对人每上一个台阶的要求是越来越高的。这是老天的自动约束机制，阴阳平衡，阴阳同时生，钱多了，不利因素就大了。

6. 政府，是天道力量的组成部分。

7. 所谓顺应天道，就是要站在老天的一边，这时谁也灭不了你，因为老天会帮你。

8. 人当不了老天的家，做不了老天的主，重大的气候问题，人也没有办法调节。

9. 有时候，老天会检验“谁最真心”。

10. “天之道，利而不害”，老天保佑好人。真正的好人，若有坏人欺负他，坏人总会被天道惩罚。

11. 所有宗教对我几乎都没有影响。《道德经》虽然我没仔细看过，但它应该是真理，是一切的总闸。

12. “道可道，非常道”，有人认为“道”是解释不清楚的，那是没有明白。真的明白了，“道”是可以说清楚的。

13. “道，可道，非常道”，老子的意思是：我说的道，是真理，是可以说清楚的道，不是常人说的道，不是常人理解的道。

14. 人们对“道”的认识是非常片面和肤浅的，这是一件危险的事情。

15. 大部分人对“道”的认识是极其肤浅的，甚至是完全错误的。

16. 即便把道理弄明白了、学会了，会不会使用却是个人问题，不同的人之间差别很大。

（二）宇宙、规律

1. 宇宙一定有一种力量在维持平衡，不然宇宙就会崩溃。

2. 宇宙最基本的规律，是阴阳平衡，物极必反。

3. 宇宙运行的规律永恒不变，过去不变，未来也不会变，直到宇宙消亡。

4. 宇宙规律为什么永恒不变？地球为什么冷了热、热了冷？如果一直热下去，人类就没了；如果一直冷下去，人类也没了。一个事物想要持续，就必须阴阳平衡、物极必反。物极必反不是可能，而是一定。

5. 宇宙的规律让事物不停地转换，以旧换新、新陈代谢，地球也会生老病死，整个宇宙也会生老病死，从宏观到微观都是如此。死亡不是毁灭，而是重新开始。

6. 真理不会失效，失效一次就不是真理。我们老祖宗说的物极必反、阴阳平衡就从未失效过。

7. 树越是枝繁叶茂，风吹过来对它的伤害越大。同样，人爬得越高也越危险。这也是阴阳平衡、物极必反的体现。

8. 人类世界任何事情都有对应的因果，因果的前提是规律，规律的基础是程序，程序是由更高级的生物（或者神）编写的。

9. 万事万物都是可以预测的，宇宙中任何发生的事，都是按规则、规律走的，只是很多事物我们看不清而已。

10. 宇宙按一个程序运行，在这个程序没有变化之前，规律不会变。

11. 再大的宏观，再小的微观，都是用一个程序来运行的，一通百通。

12. 老天设计好了图纸，让世界变成了现在这个模样。

13. 什么程序都没有老天爷的程序精妙。个体对老天爷这个程序的理解程度，可以通过自己的努力而提高。

14. 有一种无形的力量在主宰宇宙。做事情能顺着宇宙能量运行的方向，就是顺势而为。

15. 研究对了，可以算天算地算人算事，因为宇宙规律是不变的。

16. 虚心好学的人才可能发现规律，大部分人发现不了。

17. 我们认知世界的方式，是老天设计的，这种认知方式只能认知宇宙的一部分，而不能是全部。并且这种认知方式，在某些方面是不正确的，只是我们不知道而已。

18. 宇宙中所有问题都能解决，解决不了是因为想不到或想到了但没有能力做到。

19. 宇宙大爆炸，很可能是错的。宇宙怎么来的，人类理解不了。因为老天没有给人这个信号去理解，这是超出人类认知范围的事情。

20. 不能用数学推演宇宙，数学不是那个工具，那个工具老天还没有给人类。

21. 吃饭就不饿了，这是老天给了人类某个信号。

22. 考虑经济的问题，不能站在自己的角度，而要站在国家和社会的角度。考虑生死的问题，不能站在个人的角度，而要站在人类和宇宙的角度。

23. 所谓的“蝴蝶效应”是错误的，风多大、雨多大是既定的，蝴蝶动一下翅膀改变不了风雨。如果相信蝴蝶效应，一年四季就乱了，天气预报就没法报了，农作物的生长和收获就没法管理了，飞机就没法开了……一年四季是确定的，中间的干扰无限多，但还是一年四季。

24. 世界进入了提速阶段，很多因果当世就报。以前是三十年河东三十年河西，现在可能是三年河东三年河西。

25. 如果宇宙有边界，那么它的边界之外是什么？这不是人类认知范围内的事情。

26. 以后人与人沟通不用电话之类的工具，而通过某种工具直接用意念沟通是有可能的。

27. 外星人应该是有的，只是离我们太远，目前的技术还探测不到。宇宙是无限的，有外星人是正常的。不过，1000 年以后人类也未必能发现外星人。

28. 在遥远的未来，人类可以殖民外星，甚至有可能人类以前就是从外星移民过来的。

（三）地球

1. 人是活的，地球也是活的，只是两者生命存在的形式不同而已。人热了会出汗，冷了会哆嗦，地球也有类似的规律。

2. 地球是一个生命体，火星也是一个生命体，银河系是一个更大的生命体，对银河系来说，地球和火星就像是细胞。

3. 一个原子，也是一个世界，里面有无数有思想的生命体。

4. 岩浆里应该也是有生命的，只是生命的形式不同。

5. 大小是比较出来的，人和蚂蚁比，感觉自己很大，人和地球比，感觉自己很小。人、蚂蚁、地球，都是生命体。

6. 地球完全可以养活几百亿人，科技在进步，俄罗斯、加拿大、巴西还有很多可耕种土地没有利用起来。

（四）人类、人生

1. 我认为适者生存是对的，人是从猿变来的是错的。

2. 人不是从猿变来的，人是自然造出来的，就像小草一样，都是这个宇宙、这个老天爷造的。

3. 人类能战胜动物统治地球，是因为人类是双向发展，力量和智慧都在往前走，而动物只讲力量。智慧的传承是人类优于动物的关键因素。

4. 家族、民族、国家等人类社会的结构很难改变，否则人类会因为没有竞争而发展缓慢。

5. 每一个时代的人都有不同的特征，就像是老天安排好的。比如乱世闹革命，就需要一批有热血、有担当、有梦想的人。

6. 人是老天造出来的机器，是为老天干活的。人又造出机器为人干活。

7. 人是老天造的机器，机器由新变旧是不可改变的事实，旧得都不够维修费了，旧得都不能发展生产力了，就得以旧换新。所以，人不可能永生。人的能力可以无限发展，但寿命不可以。人要长生不老，这不可能，不符合宇宙规律。

8. 人老了和机器一样，零部件不行了。所以要新陈代谢，老人给新人挪位子。

9. 生命不可无限延长，即使改变基因，改变生命形式，也只能相对延长。

10. 不求来世，不想前世，做好当世。

11. 生物死了以后只是用另一种方式为宇宙服务，生命的形式发生了变化而已。过去的树马牛羊石头沙子的一部分，变成了你我。

12. 人的身体有两套系统——内部系统和外部系统，外部系统可以改变，内部系统不可改变。正确地加强锻炼就会强壮，这是内部系统决定的。锻不锻炼，怎么锻炼，这是外部系统决定的。

13. 人有两套指挥系统，一套表象指挥系统，一套内在指挥系统。怎么和体内的病毒打仗，是内在系统在指挥。

14. 大部分人不聪明也不傻，都能接收到宇宙的某种信号，从而在某个领域有所突出，比如有人画画好，有人数学好，有人手艺好，有人投资好。

15. 胖是为了衬托瘦，瘦是为了衬托胖，都胖了就不胖了，都瘦了就不瘦了。不同的人，是为了互相衬托的。

16. 人往往是这样："别人羡慕我瘦，而我眼红别人长肉"。各有各的好，各有各的短。

17. 不完美是正常状态，完美只可能偶尔实现。

18. 有人爱下棋，有人爱钓鱼，各有各的爱好。

19. 老天爷造的这个世界，是个花花世界，人和人之间不一样，人们互相羡慕，也存在矛盾。

20. 每个人大脑的敏感区域不一样。有人对数字不敏感，有人对数字能过目不忘；有人不记路，有人走过一遍就不会忘；有人记不住人名，有人记不清相貌，但有人这方面的能力就很强，见人一面，几年后都能记得。

21. 如果有人具备了确定万事的能力，世界就不精彩了，生活就不精彩了。一个领域只有少部分人能找到确定性，一个人只能找到一个或少数领域的确定性。大部分人相信没有道理的事，因为他们的思维方式是错的，所以和错的东西能产生共鸣。

22. 对一个人来说，除了自己生命以外的其他所有事情都能找到方法去确定，只不过每个人的能力有限、精力有限，所以人只能确定单个领域或少数领域的事。

23. 对你来说的不确定，不是不可以确定，而是没有能力去确定，同样的事情，对别人来说可能就可以确定。

24. 如果一切都能预测，人生就没意思了。一个领域，只能让一小部分人有能力准确预测，对这个领域准确预测的人，对其他领域往往难以准确预测。

25. 绝大部分植物结的果子是甜的，而动物喜欢吃果子，说明甜的东西对动物的身体机能有用。

26. 瘦的人，身体负担轻，生病会少一些。

27. 人要瘦下来，或许动脑比动腿有效，多思考比运动有效。

28. 人少动比多动长寿。睡好觉，吃好饭，适当运动就行。

29. 人要么没“心”，什么都不管，那能长寿。只要有“心”，就会有烦恼。

30. 人，没有孩子，活一世不值。

31. 灵魂存在，鬼魂不存在。生的孩子足够多，灵魂和思想就不会消失。

32. 子孙后代是人最大的财富，子孙是一个人生命的延续。没有养不起，只有不敢生，生了就养得起。有一个人，老天就有一口饭给他。

33. 子孙满堂的人往往活得久，看到小孩子多，心里就乐。儿孙多，心情就好，看着就想笑，就会长寿。

34. 对一个家族来说，一个孩子不是孩，能多生就多生几个。

35. 养儿女不求回报是对的，对父母来说，生了就是赚了。

36. 男人受点苦是好事，不受苦反而不是好事。

37. 人的一生，到处是坎，必须一个一个跨过去。

38. 项羽是一代枭雄，最后还是自刎。真的到了绝路，到了那个份上，英雄也会绝望。

39. 人的劳动是天性，再有钱也会劳动，只是劳动的方式不同。人没事做的时间长了，会很难受。

40. 大部分人得到越多，动力越足，上不封顶。这是老天定的，是宇宙的程序。

41. 鲁迅说过，人有钱了，烦恼能减少 90% 以上。这是有道理的。

42. 生产力大发展以后，物质极大丰富，人类工作的时间可以减少，休闲的时间可以增加，甚至一周只工作一天。

43. 人权更多应是生存权和发展权，而不是投票权。

44. 每个人都想把自己的事干好，但大部分人思考问题的方式有明显漏洞，这似乎是规律。

（五）人的力量

1. 人可以胜天，但只能是局部性胜天，而不能改变宇宙的规律。

2. 人是上天造的机器，车是人造的机器。跑完一生，就回收。机器发展到极限也不可能超过造它的人。

3. 机器再厉害也是人造的，人再厉害也是神造的。人永远不会超过神，机器永远不会超过人。

4. 是人造的电脑，还是电脑造的人？人一定比电脑厉害，只要是活的领域，需要用智慧的领域，电脑一定比不过人脑。再过一万年，还是人比机器厉害。电脑和挖掘机差别不大，都是人类的工具。

5. 有钱的厉害，有人的更厉害。

6. 人多为胜，中国人口越多越好。

7. 一个人的心劲很重要，心劲大，干事的力量就大。

8. 强和弱是一种气势，气势比武力更重要，气势是一种精神力量。助人的前提是自己强，自己不行，那就需要别人助你。

（六）逻辑

1. 逻辑推理是抽象运算，每个条件的分量弄准，运算的结果就是正确的。其实这也属于数学范畴。

2. 一定要相信事实，相信逻辑，正确的逻辑就是事实和事实的发展。逻辑清晰，就能弄清前因后果，就能把握关键、解决问题。

3. 错误的理论会得出错误的结果，正确的理论会得出正确的结果。

4. 要有辩证思维，辩证来辩证去都是对的，才是真理。

5. 辩论出真理，你把我辩过去了，证明你是对的。你辩不过我，则证明我是对的。

6. “适合自己的就是好的”，这句话很流行，但不一定对。比如1+1=2，任何人都适合，而1+1=0.99，任何人都不适合。真理，对任何人都适合，不是真理，对谁都不适合。

7. 有没有“理”，必须对每个人都通用，不能对你们来说有理，对他们来说没理。

8. 有些事的过程容易记住，是因为事情是按“理”发展的。自己的“理”是对的，回忆的时候顺着“理”就能想起相关细节了。

9. 大部分人对没有经历过的事情，就不理解、不承认，而真正懂的人，没经历过也能用逻辑推理出来。

10. 只要理论是正确的，一推理就出来了，大部分人相信眼前的表象，但没有去推理，就可能看不清真相，也无法预判未来。

11. 数据搞错了，可以及时调整，但逻辑上不能有漏洞。就怕逻辑思维错了，自己还认为是真理。

12. 很多人不知道逻辑链条，算不过来。一件事情发生时，无法推演出正确的结果。

13. 天气预报不太准的原因，可能是没有找到真正影响天气的因素。当天的预报相对准，三天以后的天气则很难预测准，这是因为没有破解宇宙的密码。也许以后能破解，如果破解了，哪里刮风、哪里下雨，都能准确预测，分毫不差。

14. 哲学的抽象公式，没办法用具体的数字公式写出来，但抽象公式在心里，在心里算也能算出确定的方向。

15. 西方哲学不能量化，东方哲学能量化。西方哲学所谓的量化，是伪量化。

16. 现在的哲学书，大部分的逻辑有问题。

17. 什么是高人？高人就是能一句话把事情说清楚的人。

18. 大道至简，简单来说就是：饿了吃饭，渴了喝水；打得过就打，打不过就跑。

（七）对错

1. 正确的只有唯一，没有唯二。

2. 人在对与错之间，不能看错，不能摇摆，不能不明白，不能不坚定。

3. “惟精惟一，允执厥中”是指拿出全部的精力放在一件正确的事情上，甚至到达疯狂的程度。

4. 错的东西，对任何人都不合适；对的东西，对任何人都合适。

5. 能自圆其说，并且无懈可击的理论，才是正确的理论。理直，才能气壮。

6. 如果看问题的角度错了，怎么想都想不明白，找任何理由去圆也圆不上。

7. 一个系统包含很多层面，但不能说这个系统太杂。一套正确的思想体系，需要多角度的论述。

8. 正确的东西，有人看不懂的原因是知识和水平不在同一层面上。一看就能看懂，则说明水平相当。关键是理念是否相通，在不在同一条道上。

9. 有些所谓的成功人士，有抑郁、迷茫的现象，说明他成功的方法还不是真理，或他不敢认定自己的方法是真理。

10. 项羽如果觉得自己的方法是真理，就不会觉得回天无力，就不会拔剑自刎了。没有信心，活不成。困难的时候，谁都会难受。就看自己能不能用坚定的信念和正确的方法撑过困难的时刻。

（八）善恶

1. 宇宙规律是既定的，是从善的。

2. 顺从自然、以德报怨是大智慧。

3. 提高“德”最快的方法，就是认清“道”。按天道、按规律办事，天道向善，人要心怀坦荡、光明磊落、与人为善。

4. 善的人，有入有出，得到很多，也付出很多，这样更平衡。越平衡就越持久。

5. 谁帮助的人更多，谁就更高尚。（但如果有个人总是需要你帮他，这个人可能有问题）

6. 有难不帮不为过，但不能落井下石。

7. 发善心，应是对别人好、对社会好，而不是烧高香求神保佑自己，保佑自己不是行善。

8. 信佛是不做坏事，要做好事，照顾比自己差的人，而不是向泥偶磕头。烧香是求不来财，求不来运的。能做好事就做好事，这就是最大的福报。做不了好事，也不要做坏事。

9. 佛法是好的，但不能极端，大家都四大皆空、与世无争甚至不劳动了，社会就不好了。社会还是要竞争，要进步。

10. 该保护动物就保护动物，但杀鸡杀猪给人吃是正常的。

11. 人的“恶”是生存需求、自然法则进化出来的“本能”。人性的恶，可能来源于竞争的需求。谁都想自己好，如果资源不够，只能想办法让自己多得、别人少得。

12.“鬼”是指“心眼多”。

13. 个别干服务行业的人，有时候态度极其恶劣，一般来说，这种人的心理有严重问题，不过他们也不敢怎么样，镇一下，就怂了。

14.“能言善辩”往往是强词夺理，不是善人，这是一般情况，也有少部分情况是智者和勇者的据理力争。

15. 在合法合规的前提下，据理力争是必要的，不要轻易相信对手自己会承认错误。据理力争，才能坚持正义。邪气压不过正气，站在正义这边，早晚会成功。

16. 战场上杀人，不叫作恶，战场上的“道”就是杀更多的敌人。

（九）爱情

1. 情为何物？“情”是一种需求，一种非常迫切的需求。这种需求的消失会很缓慢。

2. 现在的男女从小一起上学，长大一起工作，对异性太熟悉了，互相之间的吸引力变小了，这可能是爱情变淡的原因之一。

3. 所谓“新娘”，就是又有一个人要当娘了。

（十）为人处世

1. 做人做事做投资，都要站在老天一边，不搞阴谋诡计，不搞坑蒙拐骗。

2. 没有私心，更容易发现问题，解决问题。

3. “路遥知马力，日久见人心”，要近君子远小人。

4. 对亲戚朋友永远真诚，说到做到。做生意则要按生意的套路来，绝不能含糊。买货越便宜越好，最好能一块钱买到价值十块钱的东西。

5. 我答应别人的事，会认真去做。只要答应了，就要想办法做到，做好。

6. 为人处世，尽量不要让人难堪，要让人方便。

7. 司马光砸缸的故事，改变了我一生。让我学会从根本上看问题，解决问题。

8. 借势发力就是顺应事实的发展，如此才能办成大事。

9. 正道走不了，可以不走，但千万不要走邪道。

10. 总有人想以次充好，不按规矩办事，利欲熏心，搞阴谋诡计，最终还是害了自己。这样做永远找不到真理。

11. 软弱是没有出息的，一味忍让是没有出路的。要强起来，反抗是必要的，在原则面前不能不争。据理力争，不是无理取闹，不是主动挑衅。当然，别人的一点小问题，该让就让。

12. 领导要懂管人，中层要会管事，基层要能做事。

13. 擅于管理的人，就像天生就有那个气场一样，别人容易听他的话。

14. 一个团队要有配合，有人温和，就要有人严厉，不能都温和，也不能都严厉。

15. 有些人懂礼节，知道话该怎么说、事该怎么办，不得罪人，还能把事办好。

16. “买卖不成，话不到”，话说得到位了，生意就做成了。

17. 做买卖，双方讨价还价是正常的，没有讨价还价反而不正常。

18. 该花的钱要花，但总体上还是要以节约为主。

19. 聊天的时候，有人动不动夹杂几个英文，这样的说话习惯不太好，可能有显摆的成分。

（十一）付出和回报

1. 人都是爱自己的，而爱别人则是最好的爱自己。

2. 爱别人就是投资，有投资就会有回报，爱的投资比钱财的投资回报更大。

3. 善于吃亏的人容易成功，因为他看得远；善于占便宜的人不容易成功，因为他看得近。

4. 只有想不到，没有做不到。不要怕困难，认真去做，一步一步往前走。前三脚最难踢，一开始最难，不要自己给自己设一堵墙，方法正确，时间积累够了，就能行。

5. 没成功的人是想了，而成功的人，既想了，也做了。只要做了，老天会给你记着账，只要方法是对的，努力肯定有回报。

6. 三练两不练，功夫不能成。必须时间长，好功夫才能成。时间是最大的财富。

7. “想巧就有拙”，被骗的往往想着好事。不相信天上掉馅饼，就不容易被骗。没有付出，哪有回报?

8. 后天努力，就是自我雕琢。成功 = 努力 + 智慧 + 机遇。

9. 钱是长眼睛的，只要你辛勤付出，时间足够长，钱就会跑你那里去了，这就是运气。

10. 正确的方法重复做，才会持续进步。

11. 孟子说的“天将降大任于斯人也，必先苦其心志，劳其筋骨，饿其体肤，空乏其身，行拂乱其所为，所以动心忍性，曾益其所不能”，意思是：认定真理，不管受多少挫折、误会、煎熬、痛苦，依然坚信真理，不动摇，不乱，不迷失，最终才能大成。而成功后，也还是不受诱惑，不飘起来，不自傲，依然坚定地走在正确的、符合真理的道路上，才能维持成功。

12. 国与国之间的关系，讲究互利互惠，有钱又大方的国家，朋友就会多一些。中国现在有钱，可以稍微让点利。

13. “视金钱如粪土”，那是穷得没办法，是古代的穷书生说的话。应该是“君子爱财，取之有道”，喜欢钱，就用劳动去兑换，要拼搏奋斗。

（十二）个人发展

1. 人没有聪明和不聪明之分，大部分人都差不多，只是每个人的特长不同，有人就是画画好，有人则是做木匠厉害，综合来看，没有谁厉害谁不厉害。人们受所处时代的限制，还有社会价值观的引导，出生和成长环境的不同等，有些人能体现自己的特长，有些人则较难体现。

2. 檀木就是檀木，榆木就是榆木，后天的雕琢会变得更精美，但改变不了本质。所以说男怕入错行，找到适合自己的行业，才能做到顶尖。

3. 坚持自己正确的、独立的体系，就不会被干扰，更容易达成目标。

4. 只要一个人的信心没有被打垮，就不会绝望。

5. 在最困难的时候，我也会迫于压力而痛苦，但办法是人想出来的，路是人走出来的，男人要硬气，要勇敢，要有担当，要往前走，要不辜负自己的初心。

6. 一个人能否在一个领域取得大成就，在人，不在学。

7. 钱再多也不够花，钱越多安全感越强，钱越多赚钱的动力越大。

8. 有社会地位的人，往往是因为有超凡的能力，没能力的人如果有地位，很可能地位不保。

9. 人在获得大的成功之前，可能“过鬼门关”好几回了。

10. 社会上有的是能人，高手在民间，但能人、高手不一定受重用，全世界都如此。这是人才选拔机制的问题。

11. 得“道”者，事业才能持续长久。

（十三）学习和能力

1. 给别人打工靠学历，给自己打工靠能力。

2. 学历用处不大，只不过如果去找工作，还是要学历。要说真有用，就是自己对一个领域感兴趣、研究透。一个人有技能、有闯劲，比有学历更重要。给别人干需要学历，给自己干不一定要学历。

3. 上学的时间太长，从社会上学的就少了，从学校毕业的年纪越大，社会经验就越不够，所以高学历的人，以后的成就不一定高。

4. 有文化，不能阻碍赚钱，如果阻碍了，那就是伪文化。真文化，正确的知识，只会帮助你赚钱。

5. 从五六岁开始就向大人、长辈学习各种经验、教训，到了十七八岁自己再从实践中总结提高，由此学到的知识和技能，要比在学校的学习更有用。学的知识要切合实际，从实践中总结出来的经验更有用。

6. 年纪大的人和年纪小的人学同一样东西，总是年纪小的人学得效果更好。年纪小没有固有思维，容易学会，也容易举一反三。

7. 年龄大了，经验是多了，但反应会变慢。

8. 同等水平的，有经验的更好。但经验没有水平重要。水平行了，一看就明，一眼就能看到关键点。

（十四）孩子教育

1. 小孩子不老实是正常的，这其实也是探索精神的一种体现。

2. 小孩子犯了错，尽量不要责怪他，而是让他学会解决问题、避开危险。

3. 三分人情，七分“怕情”。孩子敬畏你，则更容易听你的。

4. 正确的理念和方法，要从小培养，类似“童子功”，从小练习，熟能生巧。

5. 小孩子玩游戏，也能激发潜能，适量控制就好。做喜欢的事情，更容易开发大脑。大人都经常出去玩呢，小孩子适当玩一玩也正常。

6. 家长让孩子好好学习，某程度上是想让孩子考个好分数、考个好学校，这样比较有面子。

7. 中国中小学的学习方式是被动学了很多知识；美国则是自由散漫式学习，容易培养个人兴趣。其实两者各有优劣。中国的学生更全面，美国的学生更容易有专长。美国的普通人很差，中国的普通人不差。美国容易出一个领域的尖子，中国则容易出全才。

（十五）人性的社会面

1. 不是人难以改变，而是人本来就那样。这就是所谓的“江山易改，本性难移”。

2. 人们要么对事实认识不清，要么对事实带来的利益认识不清。

3. 所谓的知道做不到，其实是不知道。只有真正相信，才能做到。

4. 大部分人停留在自己的感觉和想象层面，而不是以事实为依据。

5. 大部分人爱听虚的，不爱听实的；爱看表象，不爱看本质。

6. 有些事本来很正常，如果有人把它看得不正常，那只能说是人不正常。

7. 为什么大部分人容易吃亏上当，就是因为懒，老想着好事掉到自己身上。

8. 人大部分是短视的，这是人性弱点的表现，所以人们做事总以眼前利益为主导，短视也是贪婪、恐惧的主要原因。

9. 恐慌是因为看不透，看透了，就不会恐慌。

10. 邪教为什么能传播，不是那个教主有多厉害，而是很多人无知，不辨真伪。

11. 让大众接受和喜欢的“真理”，有不少是“伪真理”。

12. 有些人自己不行，但他们总觉得别人比他们更不行，一些网络上的喷子就是如此，有些经济学家也是如此。

13. 有些人只会批评，但没有解决问题的方法，有些喷子倒也不是人不好，而是智慧和水平太低。

14. 人是不理性的，不断撞墙、上当、吃亏后，可能会趋于理性。

15. 人生中遇到负面的事情越多，就越反感负面的事，越可能有正义感。经历了社会的负能量，有利于正能量的人走向正确的道路。

16. 有些人不知道国家是什么，不知道国家的作用是什么。把他送到战乱的地方，他就知道了。

17. 一般人在发脾气的那一刻，往往是脑子懵掉了。事后会觉得不应该发脾气，肯定还有更好的解决办法。

18. 脾气容易着急的人，很难胖起来。

19. 用时间解决问题是有效的。时间可以消化一切问题，只是人们往往忍不住。

20. 强制性“放下”分为两种，硬的和软的。“警察”是硬的，“宗教”

是软的。

21. 千人千思想，万人万模样，要完全统一意见，太难。

22. 一代人有一代人的生活习惯，很难改，这和富裕不富裕无关。

23. 搬家的时候，往往会发现很多东西对我们没用，但扔了又舍不得，其实以后还是会扔，以后扔还不如现在扔。

24. 我最初的梦想是要有1万，后来是10万、100万，再后来才发现财富越来越多，责任就越来越大，自己也会有新的需求。

（十六）其他

1. 拜神不如拜物，“物”是真实有用的。

2. 吃什么都有副作用，但“这也不吃、那也不吃”的副作用更大。

3. 女性小时候比长大了聪明，男性长大了比小时候聪明。

4. 蒙古人的血统一部分融入汉族，一定程度上改善了我们的基因，让汉人变得更高大更健壮一些。

5. 父子关系和政府与人民的关系类似。

6. 一个茶杯从不同角度看，形状是不一样的。

7. 喝酒喝多了，只是喝的时候感觉好，事后就不好了。

8. 小老鼠慢慢长成大老鼠，这时来个大猫，一把就把老鼠抓了。

9. 自己看着顺眼、愉悦，就是风水好。

10. 所谓的忌讳，一般是心理问题。实事求是，辛勤苦干是第一位的，若被束缚，就放不开手脚，有些事就干不成了。

11. 中医有中医的好处，西医有西医的好处，一般的疾病总体上西医效果更好一些。中医讲经验，相对模糊，西医是直接把病毒杀死，但也有目前的西医技术杀不死的病毒。治疗疑难杂症，中医比西医好一些，“偏方，治大病”，很多不是杜撰的。另外，有些病中医西医都能治好，中医只需要花 100 元，而西医可能要 2 万，并且花了 2 万还有副作用（伤身体）。

12. 看书不如现场交流，文字没有表情、没有情绪。

13. 平时把一些想法、观点记下来，长时间完善，才能把一套理论体系讲清楚、论完善，一时去说是说不全的。

14. 总结自己一些正确的理念和观点，有时候自己回头去看看，也会有收获。

15. 我的言论，有人不同意，有人反对，有人骂，这是好事，没人骂反而坏了。

后 语

2012年我有幸结识傅海棠先生，当时我就有相见恨晚的感觉，他是一个传奇，也是一个值得尊敬和学习的老师。后来能够协助他出版《一个农民的亿万传奇》《中国崛起的奥秘——财富论》，更是感到非常荣幸。

我十分认同傅海棠先生在投资和经济学等方面的理念和研究，他对人生和宇宙的思考也总能让我感到新奇和豁然开朗。

这些年来，傅海棠先生受邀参加了较多公开演讲、交流、分享，凡是我也参加的活动，我会把他的一些观点做一些摘录，其中一部分内容已经在微信公众号"傅海棠频道"发布。

产业调研，是傅海棠先生比较热衷于参与的，他以前一个人开个小奇瑞都能出门调研上千公里，后来各种有价值的产业调研团邀请他，他也是乐于参与的。有几次调研，我也参与了，途中他会和同行的朋友真诚交流，其中一些观点我也摘录了下来。

另外，有时候三五好友一起喝茶交流，或是现货产业的朋友过来交流，院校的老师、学者过来交流，他也会时不时冒出一些"金句"，我同样摘录了下来。

傅海棠先生的很多观点都有较高价值，看上去每个字都不难理解，但组成一句话，却能直击本质，解决问题。他的有些观点，有人认为是惊人之语，而我认为是经典之言；有人认为是标新立异，而我认为是正本清源。

据我了解，一些朋友私下也在记录傅海棠先生的相关观点用于反复体味和学习，更多的投资者则在互相交流的过程中经常引用傅海棠先生的相关观点。渐渐地，越来越多人建议把傅海棠先生的观点集合起来，分类整理，成书出版，以便于他们阅读和交流。

于是，我就把近五六年来我摘录的傅海棠先生的大部分观点进行了梳理、归类、细分等工作，并编辑成书。在这个过程中，我发现自己又有较多收获，有些内容则是百看不厌。

本书把傅海棠先生的投资理念和交易方法、经济学研究、人生态度等方面通过一条一条观点的方式，通俗易懂地展现出来，以便读者朋友们高效阅读、高效记忆、高效实践。

这本书的出版，我只是做了一些编辑整理的工作，书中所有内容都是傅海棠先生的心得体会，所有智慧的光芒都归于他。

我本人水平有限，又和傅海棠先生的生活经历、投资经历有较大差异，他的个别观点我在记录时可能因为理解不到位而有所偏差，请大家多担待，也请朋友们多给一些完善的建议。

本书出版前，孙成刚先生和马明超先生在本书内容的完善过程中深度参与，吴成军先生和范年臻先生在本书校稿工作中有所协助，相升澳先生设计处理了部分图表，在此表示感谢。

沈　良

2020 年 4 月　杭州